NAD

Edição de estudos **1**

Nosso Andar Diário

Publicações RBC

ESCRITORES:
Poh Fang Chia, Winn Collier, Tom Felten, Regina Franklin, Kevin Gregory, Tim Gustafson, Alyson Kieda, Dean Ohlman, Jeff Olson, Roxanne Robbins, Jennifer Benson Schuldt, K. T. Sim, Sheridan Voysey, Marvin Williams, Mike Wittmer

TRADUTORES:
Elisa T. Castro, Eduardo Cordeiro, Dayse M. V. Fontoura, Elizabeth Hecke, Haroldo Janzen

EDITORES:
Tom Felten, Clair Hess, Cindy Kasper, Alyson Kieda, Rita Rosário

REVISORES EDITORIAIS:
Bill Crowder, Kevin Gregory, K. T. Sim

PROJETO GRÁFICO:
Audrey Novac Ribeiro

DIAGRAMAÇÃO:
Priscila Santos

FOTO DA CAPA:
Pedalando no deserto, Alex Soh © Ministérios RBC

CRÉDITOS:
Exceto se indicado o contrário, as citações bíblicas são extraídas daNova Tradução na Linguagem de Hoje © 2000 Sociedade Bíblica do Brasil.

Publicações RBC
Rua Nicarágua, 2128, Bacacheri, 82515-260, Curitiba/PR, Brasil
E-mail: vendas_brasil@rbc.org
Internet: www.publicacoesrbc.com.br • www.ministeriosrbc.org
Telefone: (41) 3257-4028

Código: MB446
ISBN: 978-1-60485-952-2

Impresso no Brasil • Printed in Brazil

1º edição: 2014 • 1º impressão: 2014

A cada dia mais e mais igrejas adotam a dinâmica de grupos pequenos ou grupos de estudos como forma de aperfeiçoar relacionamentos e promover edificação mútua. Este é, comprovadamente, um formato bastante eficaz quando o alvo é o crescimento da igreja. Esta constatação traz à tona a necessidade de lideranças maduras e de recursos bíblicos que visam o aperfeiçoamento espiritual.

Os grupos pequenos ou grupos de estudos não devem ser entendidos como mais um programa que a igreja oferece aos seus membros, mas ao contrário, deve ser encarado como uma extensão e complementação do ensino e da comunhão que são reflexos da vida comunitária da igreja.

Ciente desse fato e no intuito de auxiliar às igrejas nessa tarefa, apresentamos o devocional NAD — *Nosso Andar Diário* — no formato de quatro volumes, como um guia prático e bíblico para os encontros regulares de grupos pequenos ou grupos de estudos. O conteúdo das meditações aborda assuntos contextualizados e do dia a dia, ancorados na leitura bíblica, e as perguntas promovem o desafio de não somente ser ouvinte, mais praticante da Palavra.

—Os editores do *Nosso Andar Diário*

Dicas de como aproveitar melhor este conteúdo em grupos pequenos ou grupos de estudos.

Este devocional vai acompanhá-lo numa jornada diária de três meses, utilizando-se de duas grandes ferramentas: a oração e a Bíblia Sagrada. Contém três seções que podem ser trabalhados da seguinte maneira:

LEIA: Comece pela leitura bíblica indicada, ela embasa a meditação do dia.

EXAMINE: Utilize esta sessão para sua reflexão pessoal e em grupo.

CONSIDERE: Utilize as perguntas para provocar debates entre o grupo.

Esta proposta é simples e pode ser adaptada ao roteiro que é seguido nas reuniões de grupos pequenos ou grupos de estudos.

Como são meditações diárias, o devocional para discussão em grupo deve ser o referente a data do encontro, assim todos os integrantes estarão sintonizados no mesmo assunto. No entanto, sugerimos que o grupo separe um momento para os participantes compartilharem sobre outra meditação que tocou ao seu coração durante a semana relatando uma aplicação pessoal.

Ao término dos estudos deste fascículo com o seu grupo, por favor, envie-nos o seu depoimento e sugestões via *email* brasil@rbc.org, para podermos melhorar a estrutura dessa ferramenta.

fim do mundo?

A premissa do filme *2012: O ano da profecia* era de que o mundo acabaria em 21 de dezembro daquele ano. Nesse dia o antigo calendário Maia acabava oficialmente. Sim, *Faz de conta...*

Os cristãos de todas as gerações sempre creram que Jesus viria em seu tempo, pois viam os "sinais" em seus dias (Lucas 21:7): guerras e revoluções, grandes terremotos e *tsunamis*, fome e pragas, além de desastres terríveis nunca antes vistos (vv.9-11). Os que creem em Jesus também têm sido fortemente perseguidos em todas as épocas (v.12).

Com os eventos mundiais que estão acontecendo hoje, pode parecer que a frequência e a intensidade desses "sinais" são maiores do que nunca. Você pode até pensar: *Com certeza, essas são as provas de que o fim está próximo.*

Em vez de revelar aos discípulos uma data específica, Jesus alertou: "Tomem cuidado para que ninguém engane vocês [...] dizendo:' [...] Já chegou o tempo" (v.8). "...Pois é preciso que essas coisas aconteçam primeiro. Mas isso não quer dizer que o fim esteja perto" (v.9). Fomos instruídos a não deixar que aquele dia "nos pegue de surpresa" (v.34), mas a "vigiar" (v.36).

Jesus vai voltar (v.35). Quando? Não há como sabermos. Só o Pai sabe (Marcos 13:32,33). Falta pouco? Sim, hoje está mais perto do que ontem (Romanos 13:11,12). Iminente? A volta de Jesus vai ser de forma inesperada, como um ladrão na noite (Lucas 21:34,35; 1 Tessalonicenses 5:2-4). Cedo? *Talvez hoje.*

E então? Jesus ordena que usemos essa oportunidade que vem com o crescimento do interesse sobre o fim do mundo. O Mestre lembra-nos: "E isto dará oportunidade a vocês para anunciarem o evangelho" (Lucas 21:13). Pois, antes de chegar o fim, o evangelho precisa ser anunciado a todos os povos (Marcos 13:10; Mateus 24:14). —K. T. Sim

leia>

Lucas 21:5-19; 25:36

...Por serem meus seguidores, vocês serão levados aos governadores e reis para serem julgados e falarão a eles sobre o evangelho. Pois, antes de chegar o fim, o evangelho precisa ser anunciado a todos os povos (Marcos 13:9,10).

examine>

Como devemos viver à luz da iminente volta de Jesus? (Romanos 13:11-14; 1 Tessalonicenses 5:1-10; 2 Pedro 3:3-15).

considere>

Jesus lembra de que os "últimos dias" dão oportunidades para falarmos dele aos outros (Lucas 21:13). Como compartilhar o evangelho durante a semana?

aplicação pessoal>

viva la vida

Com a progressão exuberante dos acordes de uma orquestra e uma melodia contagiante, a música *Viva La Vida*, da banda *Coldplay*, ganhou o Grammy de música do ano em 2009. Esse título transmite uma amarga ironia. O protagonista descrito na letra tinha tido imenso poder, mas agora lidava com uma mudança de sorte. "Eu dominava o mundo", afirma a letra, mas agora "varro as ruas que eram minhas."

Lamentações é uma música amargurada sobre a mudança de sorte de Jerusalém — "...a rainha entre as nações hoje não passa de uma escrava" (1:1). Dominadas e abatidas pelos brutais exércitos babilônios e pelas terríveis e desesperadoras circunstâncias da cidade, as mães foram obrigadas a praticar canibalismo com seus filhos (2:20; 4:10). A devastação de Jerusalém era o claro julgamento divino dos pecados do povo. Aos pesarosos olhos do poeta, a salvação parecia quase inatingível. *Quase*.

O livro é concluído com uma mistura curiosa e um tanto amarga de esperança e pesar, dúvida e fé. "Mas tu, ó SENHOR, reinas para sempre [...]. Faze com que voltemos a ti, ó SENHOR..." (5:19-21). Mesmo assim, termina com uma questão assustadoramente hesitante: "Por que te enfurecerias sobremaneira contra nós outros?" (v.22).

Felizmente, a lamentação sobre os julgamentos não é a única música da Palavra de Deus. "A ti, ó Deus, eu cantarei uma nova canção...", disse o salmista (Salmo 144:9). E o Novo Testamento inspira nossa nova canção com essa declaração triunfante: "Agora já não existe nenhuma condenação para as pessoas que estão unidas com Cristo Jesus" (Romanos 8:1). "Pois a lei do Espírito de Deus, que nos trouxe vida por estarmos unidos com Cristo Jesus, livrou você da lei do pecado e da morte" (v.2).

A música que cantamos hoje é, muitas vezes, dissonante. No entanto, na eternidade será indescritivelmente exuberante, pura, revigorante e alegre. *Viva la vida*. —Tim Gustafson

leia>

Lamentações 1:1-22

...a rainha entre as nações hoje não passa de uma escrava (v.1).

examine>

Qual é o contexto da canção que Isaías anseia que seu povo cante? (42:8-13). Por que o Senhor estava com ciúmes? (v.8).

considere>

De que maneira você descreveria a canção da sua vida? Como essa música pode ajudá-lo a ser honesto diante do seu Criador?

aplicação pessoal>

face a face

Meu marido e eu enviamos torpedos um para o outro o dia todo. Alguns são pedidos por informações ou lembretes do que temos a fazer. Muitas vezes, no entanto, uma breve mensagem transmitindo nosso amor faz maravilhas para aumentar nossa proximidade num dia ocupado. Entretanto, um texto breve só consegue acentuar aquilo que já foi formado num contexto maior de tempo e energia investidos em nosso relacionamento. Esperar que nosso casamento sobrevivesse dessas mensagens não seria apenas uma tolice, mas também deixaria claro o valor que damos à intimidade.

A oração é o nosso meio de comunicação com Jesus — aquele que nos amou de tal maneira que sofreu a nossa punição na cruz. Se for vista como uma obrigação, algo fora do contexto do amor, poderá facilmente se tornar uma série de palavras arraigadas em obras. Da mesma forma como um casamento fracassa quando a comunicação se torna obrigatória, também nosso relacionamento com Jesus pode se tornar estranho e artificial se não entendermos o verdadeiro sentido da oração.

Deus é o nosso refúgio (Salmo 27:1-3) mais consistente do que qualquer outro ser humano poderia ser (v.10). Orar é muito mais do que dizermos a Deus o que queremos. Quando queremos que Ele ouça nosso clamor e depois respondemos com uma "mensagem de texto" à Sua obra, nosso conceito de oração se torna pequeno e egoísta. As orações rápidas têm o seu lugar, mas só quando o alicerce do tempo e intimidade já tiver sido lançado.

Orar é uma disciplina — uma habilidade que desenvolvemos com o tempo. Até mesmo os discípulos — após verem Jesus pregar às multidões, curar enfermos e emudecer os fariseus — viam a oração como uma área em que precisavam crescer em entendimento (Lucas 11:1). Nós a vemos da mesma forma? —Regina Franklin

leia>

Salmo 27:1-14

Tu disseste: "Venha me adorar." Eu respondo: "Eu irei te adorar, ó SENHOR Deus" (v.8).

examine>

Leia Salmo 27:4, Isaías 56:7, Mateus 21:13 e 1 Coríntios 6:19 para ver como nosso conceito de oração está relacionado com o fato de nossas vidas serem o lugar onde o Espírito Santo habita.

considere>

O que acontece com os nossos relacionamentos naturais se as nossas interações são sempre superficiais? O que significa estar face a face com Deus?

aplicação pessoal>

desobediência estéril

O nosso filho Seth é bastante travesso. Recentemente, logo depois de ir para a cama, ouvimos sons de algo suspeito no andar de cima. Chamei-o com um tom firme, perguntado o que fazia já que deveria estar dormindo. *Silêncio.* Sua mente estava buscando alguma desculpa plausível para oferecer-me. No final, disse: "ah pai, me ponha de castigo."

O livro de Gênesis nos oferece uma descrição da inexplicável e injustificável desobediência do homem — a história da nossa tolice:

- Já no começo, numa atitude de causar perplexidade, Eva e Adão menosprezaram o Senhor, comeram o fruto proibido e perderam seu lugar no Éden (3:1-7).
- Os primeiros filhos, consequentemente os primeiros irmãos, fizeram o primeiro ato de violência — assassinato (4:19).
- Com o tempo, Deus reconheceu "...que as pessoas eram muito más e que sempre estavam pensando em fazer coisas erradas" (6:5).

Finalmente, numa tentativa de competir com Deus, o homem constrói uma torre [Babel] para alcançar os céus, afirmando sua vontade contra a do Senhor (11:1-4).

Seguindo esta lista amarga de rebelião humana, o capítulo 11 do livro de Gênesis termina com uma recapitulação da genealogia de Sem a Abrão, que encerra com as tristes palavras: "Sarai [esposa de Abrão] era estéril." E para assegurar que entendamos, é acrescentado: "não tinha filhos" (v.30). A humanidade era estéril, vazia. A humanidade rejeitou Deus e seguiu a vida em seus próprios caminhos. O mundo que o Senhor pretendia que florescesse era agora seco e debilitado.

A história pedia um resgate para que a nova vida voltasse a existir. Em tempo, no entanto, Deus permitiu à mulher já idosa, Sarai, que engravidasse; e mais tarde enviou Seu próprio Filho para nos infundir nova vida. Nossos esforços nos levaram à esterilidade, mas seguir a Deus nos conduz à vida. —Winn Collier

leia›

Gênesis 3:1-7

...Aí [Eva] apanhou uma fruta e comeu... (v.6).

examine›

Gênesis 8; 11:1-9. O que motivou a desobediência humana? O que as pessoas daquele tempo estavam tentando ganhar?

considere›

Em que áreas da sua vida você sente o desejo de ser desobediente a Deus? Você percebe a improdutividade resultante de sua desobediência?

aplicação pessoal›

a bússola moral

Se você gosta de fazer caminhadas e depende de uma bússola confiável para se localizar na vastidão, pode ser hora de investir num GPS. Por quê? O campo magnético da terra está mudando. Segundo cientistas, os polos magnéticos estão "deslizando 54 km por ano em direção à Sibéria numa velocidade que acelerou 36% nos últimos 10 anos." Uma bússola que se apoia no norte magnético não pode mais ser confiável. A boa notícia é que tais oscilações ocorreram durante toda a história.

Há um "deslize" sério na forma como a moralidade é vista e poderíamos usar uma bússola moral fixa em um norte verdadeiro. Foi o que o escritor do livro de Hebreus apresentou aos seus leitores no capítulo 5.

Aqueles cristãos inconstantes, provavelmente das igrejas caseiras de Roma, eram espiritualmente "tolos" e precisavam ser ensinados novamente nas "...primeiras lições dos ensinamentos de Deus..." (vv.11,12). O autor queria que eles avançassem na absorção do que é "sólido" nas Escrituras para que pudessem saber "...a diferença entre o que é bom e o que é mau" (v.14).

A Palavra de Deus oferece a instrução imutável que precisamos. É nossa bússola moral para navegar pela vida para glorificarmos a Deus. Separe um tempo e leia algumas das claras direções bíblicas:

- Êxodo 20:1-17: os mandamentos de Deus.
- Marcos 7:20-23: uma lista feita por Jesus sobre as imoralidades que devemos evitar.
- Efésios 4:17-5:21: o apóstolo Paulo contrasta o comportamento moralmente certo e errado.

Se não separarmos tempo para nos alimentar e aplicar conscientemente as verdades divinas a nossas vidas, iremos permanecer espiritualmente tolos. O ponto fixo de nossa bússola se moverá com as massas. Adquira o GPS de Deus para encontrar seu caminho pela vastidão. Use a Sua Palavra para encontrar a verdadeira direção moral. —Tom Felten.

leia›

Hebreus 5:11-14

Porém a comida dos adultos é sólida, pois eles pela prática sabem a diferença entre o que é bom e o que é mau (v.14).

examine›

Leia 2 Timóteo 3:16,17 para ver como a Palavra de Deus nos prepara para tratarmos as questões morais da vida.

considere›

Por que algumas pessoas acham que não precisam de uma bússola moral? Qual área de sua vida precisa da instrução moral de Deus hoje?

aplicação pessoal›

bom fruto

A professora do meu filho de 12 anos perguntou a sua turma qual idade gostariam de ter. A maioria respondeu preferir a liberdade que se tem quando se é mais velho, mas meu filho disse que queria ter 9, pois naquela idade os colegas eram mais gentis e xingavam menos. Fiquei abalado com sua inocência e ponderei sobre as inevitáveis mudanças que cada pessoa deve enfrentar.

Todos começam a vida corrompidos pelo pecado, com caráter moral parecido. Não há diferença entre os bebês de pais piedosos e os de famílias disfuncionais. Com exceção dos mais indisciplinados, a maioria das crianças é uma mistura de seres engraçadinhos e briguentos. Porém as sementes que são lançadas nessa idade germinam lentamente até irromperem na adolescência e florescerem em homens e mulheres completamente formados.

O apóstolo Paulo nos assegura de que a lei da colheita nunca é quebrada. Os que semeiam as sementes da luxúria e orgulho colherão a tendência mortal ao egoísmo, pois "...O que uma pessoa plantar, é isso mesmo que colherá" (Gálatas 6:7). As crianças que nunca são disciplinadas, crescerão e podem ser socialmente mal ajustadas. As que assistem aos filmes adultos lutarão com visões distorcidas de violência e sexo.

Felizmente, a lei da colheita também funciona em outra direção. Paulo explica que quem "...plantar no terreno do Espírito de Deus, desse terreno colherá a vida eterna" (v.8). Assim como pode demorar um pouco para a semente do pecado mostrar seu fruto, devemos esperar pacientemente para que as nossas boas escolhas floresçam para que todos vejam.

Alguns podem não notar a mudança em seguida, mas dê tempo. Sua decisão de viver por Jesus hoje determinará quem você será amanhã. As pessoas perceberão. Como o livro de Jó 4:8 declara: "...os que aram campos de maldade e plantam sementes de desgraça só colhem maldade e desgraça". —Mike Wittmer

leia›

Gálatas 6:1-10

Não nos cansemos de fazer o bem. Pois, se não desanimarmos, chegará o tempo certo em que faremos a colheita (v.9).

examine›

O livro de Provérbios é cheio de ditos sábios que ilustram a lei da colheita. Leia Provérbios 22:1-16 para aprender quais sementes você deve plantar hoje e quais deve evitar.

considere›

Quais ervas daninhas você deve tirar da sua vida? Quais são as boas sementes que, com a ajuda de Deus, você deve plantar no lugar delas?

aplicação pessoal›

passagem segura

Fiquei chocada ao saber que um reconhecido agressor sexual mora em nossa vizinhança. De acordo com o processo público, ele foi condenado por pornografia infantil. Embora nunca o tenha encontrado, espero que tenha mudado de comportamento e não seja mais uma ameaça para as crianças. Mesmo assim, sinto-me no dever de vigiar meus filhos permanentemente.

O mundo está cheio de criminalidade, desastres naturais e outros perigos. Assim, mesmo que eu queira dar aos meus filhos uma passagem segura da infância à idade adulta, não há garantias. E me questiono se há algo mais que eu deveria estar fazendo.

Esdras precisava de um caminho seguro para ele e para milhares de judeus exilados enquanto andavam os 1.300 a 1.500 metros entre Babilônia e Jerusalém. A caravana deles carregaria milhões de reais em ouro, prata e bronze através de uma área cheia de foras da lei. Passariam quatro meses na estrada e Esdras tinha que encontrar uma maneira de chegarem em segurança à Cidade Santa.

Ele teve receio de pedir seguranças ao rei persa, pois havia lhe dito anteriormente "...o nosso Deus protege todos os que confiam nele..." (Esdras 8:22). Havia crido publicamente no Senhor para defender os israelitas e sabia que a verdadeira segurança se encontrava somente nele. Então o líder de Israel ordenou ao povo que jejuasse e se humilhasse diante de Deus. Oraram para que Deus os protegesse, que protegesse seus filhos e bens enquanto viajavam (v.21). E o Senhor os ouviu! A "boa mão" de Deus salvou Seu povo dos "inimigos" (v.31).

A fé do servo Esdras na proteção divina me inspira a orar pela segurança de meus filhos. Após tomar todas as precauções, escolho confiar que a forte mão de Deus que me ampara irá também ampará-los (Salmo 63:8).

—Jennifer Benson Schuldt

leia›

Esdras 8:15-21

...e lhe pedir que nos dirigisse na nossa viagem e nos protegesse, os nossos filhos e tudo o que era nosso (v.21).

examine›

Leia o Salmo 70:1-4 para ver qual é a resposta apropriada à proteção divina. Leia 2 Tessalonicenses 3:1-2 para aprender como interceder pela segurança de outra pessoa.

considere›

Qual a sua reação ao sentir que você ou alguém que ama está ameaçado? Por que é importante pedir proteção a Deus?

aplicação pessoal›

palavras oportunas

No livro *Encouragement: The Key to Caring*, (Encorajamento: a chave para cuidar) Larry Crabb descreve como foi estressante a primeira vez em que se ofereceu para orar em voz alta durante um culto. Ele relembra: "achei que minha teologia estava se tornando tão confusa quanto uma heresia. Lembro de agradecer ao Pai por ter sido pendurado na cruz e louvar a Cristo por ter trazido o Espírito do túmulo triunfantemente. Gaguejando muito, finalmente cheguei à palavra *Amém*. Disse-a e me sentei. Recordo-me de ficar olhando para o chão, muito envergonhado para levantar os olhos, e jurando solenemente nunca mais orar ou falar à frente de um grupo." O autor continua contando como um senhor mais velho o procurou depois do culto e disse-lhe: "Larry, quero que saiba de uma coisa. Seja o que for que fizer para o Senhor, estarei lhe apoiando 1000%."

Ali estava um homem que entendia o poder da palavra no momento oportuno! (Provérbios 15:23). Talvez ele visse o Larry como um adolescente promissor que estava envergonhado e agitado. Talvez tivesse experimentado algo semelhante quando jovem e tinha provado o mesmo sentimento de vergonha de Larry. Seja o que for que o compeliu a falar, suas palavras foram um exemplo do provérbio que diz: "As palavras bondosas são como o mel: doces para o paladar e boas para a saúde" (16:24).

Com palavras de incentivo (15:4), determinar o tempo certo é tudo. É por isso que o livro de Provérbios também enfatiza que até palavras alegres ditas no tempo errado pode ser ruim "...Cantar para quem está triste é como esfregar sal numa ferida (25:20).

Coisas boas podem vir das palavras certas ditas no momento certo. Use hoje palavras que o ajudarão a curar os corações feridos e dará às pessoas a verdadeira visão de quem elas são em Jesus. —Jeff Olson

leia›

Provérbios 15:1-4,23

Saber dar uma resposta é uma alegria; como é boa a palavra certa na hora certa! (v.23).

examine›

Perceba a ênfase entre tempo e palavras no livro de Provérbios 25:11.

considere›

De que maneira as suas palavras podem ter animado ou desanimado alguém ultimamente? Como as palavras de Jesus o ajudam a se enxergar da forma correta?

aplicação pessoal›

a disciplina da discrição

"Sou um exibicionista!", disse o artista surrealista Salvador Dalí. "A vida é muito curta para ficarmos despercebidos." A atriz Marlene Dietrich certa vez lançou um disco com os aplausos gravados em seus cabarés — onde tocava para seus amigos.

O desejo por reconhecimento nunca está muito longe de nós. Queremos receber aplausos por nossas qualidades e conquistas. Podemos ficar profundamente decepcionados quando os outros não percebem o bem que lhes fizemos.

A busca por aplauso é pior quando está ligada à religiosidade. No tempo de Jesus, as orações, jejuns e boas obras eram (e ainda são) o centro da caridade judaica. Mas o Mestre percebeu como elas podem ser usadas erroneamente por motivações pessoais, e disse: "Tenham o cuidado de não praticarem os seus deveres religiosos em público a fim de serem vistos pelos outros..." (Mateus 6:1). Também: "Quando vocês orarem, não sejam como os hipócritas. Eles gostam de orar de pé [...] nas esquinas das ruas..." (v.5). E acrescentou: "Quando vocês jejuarem, não façam uma cara triste..." (v.16). As razões de Jesus eram claras: quando a espiritualidade é praticada para nos fazer parecer bons, os aplausos recebidos serão nossa única recompensa. Aquele cujo reconhecimento é o que realmente importa vai fazer vistas grossas (vv.1,5,16).

O Senhor disse que os verdadeiros atos de fé são difíceis de esconder. Uma cidade sobre o monte não pode ser ocultada (5:14). Nossas obras *devem* ser vistas por todos (v.16). No entanto, essas obras fluem de um coração focado no próximo; coração que ora e jejua só para alegrar a Deus. Deveria ser assim: sermos discretos sobre nossas obras, deixarmos que nossas vidas falem por si e permitirmos que Deus decida quando e se elas serão conhecidas.

Vamos fazer boas obras sem ostentá-las, sabendo que "...o seu Pai, que vê o que você faz em segredo, lhe dará a recompensa" (vv.4,6,18).
—Sheridan Voysey

leia>

Mateus 6:1-18

Isso deve ficar em segredo; e o seu Pai, que vê o que você faz em segredo, lhe dará a recompensa (v.4).

examine>

Leia Marcos 7:24 para ver como as boas obras de Jesus o seguiam. Leia Provérbios 27:2 para ter orientação sobre a autopromoção.

considere>

De quem e para o que você espera reconhecimento público? Que boa obra você pode fazer hoje que será conhecida somente por Deus?

aplicação pessoal>

bem temperadas

Durante uma entrevista coletiva na cidade de Nova Iorque para o filme *Além da Vida*, de Clint Eastwood, os jornalistas estavam nitidamente impressionados com ele. Quando um repórter brasileiro se desculpou por seu mau domínio do inglês e pela "pergunta boba", *Eastwood* se inclinou para frente em sua cadeira e lhe disse: "Nenhuma pergunta é boba."

Depois do evento, outro jornalista relatou: "Temos a impressão de que Eastwood sempre respeita o que os outros pensam e sentem."

E nós? O que os outros pensam da maneira como nos comportamos? Na epístola de Paulo à igreja em Colosso, ele os relembrou de que Jesus vivia neles (Colossenses 1:27). Essa realidade pedia uma mudança na forma como viviam.

Assim, nos capítulos 3 e 4 ele os ensinou a viver essa vida em Cristo. Uma das suas instruções foi de que falassem adequadamente uns com os outros. Lemos: "Que as suas conversas sejam sempre agradáveis..." (4:6).

Palavras agradáveis são saudáveis, apropriadas, bondosas, amorosas, ponderadas e sensíveis. Não são palavras amargas, ásperas, corrosivas, prepotentes ou vingativas.

Que as nossas palavras reflitam a graça sempre — em situações estressantes, quando somos ofendidos, quando discordamos de nosso cônjuge ou filhos e em conversas casuais com nossos vizinhos. Que nosso discurso seja cheio de graça, em qualquer situação.

Além disso, que nossas palavras sejam "agradáveis" ou "temperadas com sal". Nosso objetivo não deve ser bajular os outros, mas — assim como o sal — falar a verdade em amor para trazer cura e prevenir a corrupção.

Deveríamos nos assegurar de que as conversas sejam temperadas com ideias atrativas para que os ouvintes se sintam estimulados e que sua curiosidade brote.

A sua conversa reflete Jesus, que vive em você? —Poh Fang Chia

leia›

Colossenses 4:2-6

Que as suas conversas sejam sempre agradáveis e de bom gosto, e que vocês saibam também como responder a cada pessoa! (v.6).

examine›

O livro de Lucas 4:22 diz que palavras de graça vêm dos lábios de Jesus. Observe como Ele demonstrou graça ao tratar com a mulher samaritana (João 4) e com a mulher que foi pega em adultério (8:3-11).

considere›

Em que momento e para quem você sente vontade de falar palavras indelicadas e desagradáveis? Como agir diferente, por reconhecer que Jesus está em você?

aplicação pessoal›

obediência

O Natal já veio e já foi. A decoração que adornava os shoppings e as igrejas já foi retirada. E a árvore de Natal de sua sala provavelmente já foi recolhida. As festividades e celebrações podem ter acabado para nós, mas depois do nascimento de Jesus, seus pais cumpriram três cerimônias em obediência à lei de Deus (Lucas 2:21-24,39).

Quando tinha oito dias de vida, Jesus foi circuncidado em submissão ao mandamento divino (Gênesis 17:10-12; Levítico 12:3). Nessa altura foi-lhe dado o nome Jesus, "Pois o anjo tinha dado esse nome ao menino antes de ele nascer" (Lucas 2:21; Mateus 1:21; Lucas 1:31).

O Mestre também participou de outra cerimônia quando tinha 40 dias. Maria tinha ido ao templo para sua purificação cerimonial, como mandava a lei (Lucas 2:22; Levítico 12:2-5). Nessa ocasião, Jesus foi consagrado ao Senhor por ser o primogênito (Lucas 2:7; 22,23). Todo o primogênito — quer humano ou animal — pertencia a Deus (Êxodo 13:2; Números 3:13), pois o Senhor havia poupado o primogênito de todos os judeus e seus animais na noite da primeira Páscoa (Êxodo 11:4-7; 12:12,13). As primeiras crias de todos os animais puros — boi, ovelha, cabra — deviam ser mortas e sacrificadas como oferta a Deus. No entanto, como Deus proibia qualquer sacrifício de crianças, Ele mandou que os pais remissem seus primeiros filhos homens (Êxodo 13:13; Números 18:15-17). Lucas relata que os pais de Jesus haviam cumprido todos os requisitos da lei do Senhor antes de retornarem a Nazaré (2:39).

Jesus foi criado em um lar que se caracterizava pela obediência a Deus. Assim como Ele aprendeu a obediência com Seus pais (Hebreus 5:8), as crianças em nossa família irão aprender a obedecer ou a desobedecer baseados no exemplo que lhes dermos. Cuide com o que faz. Os mais jovens o observam. —K. T. Sim

leia>

Lucas 2:21-24, 39

Quando terminaram de fazer tudo o que a Lei do Senhor manda, José e Maria voltaram para a Galileia, para a casa deles na cidade de Nazaré (v.39).

examine>

O que o livro de Deuteronômio 4:5-9 e de Provérbios 22:6 nos ensinam sobre pais e filhos?

considere>

José e Maria: "cumpriram tudo segundo a lei". Há alguma ordem de Deus que você tenha escolhido rejeitar ou desobedecer? Como você testemunha sobre Jesus às pessoas — jovens e adultas?

aplicação pessoal>

perguntas

Uma entrevista na televisão capturou minha atenção. O autor de um livro controverso respondia às perguntas dizendo: "Essa é uma boa pergunta." E depois ficava girando em torno daquela "boa pergunta" sem jamais chegar a uma resposta.

Com certeza Jesus frustrou os "entrevistadores" que vieram vê-lo (Mateus 21). "Com que autoridade você faz essas coisas...?", exigiam saber (v.23). O Senhor prometeu responder-lhes se pudessem primeiramente responder à Sua pergunta: "...quem deu autoridade a João para batizar? Foi Deus ou foram pessoas?... (v.25).

Jesus não estava se escondendo atrás de uma torrente lamacenta de palavras. Queria mostrar aos líderes religiosos o quanto estavam perdidos espiritualmente. Assim, contou-lhes parábolas e fazia mais perguntas para ajudá-los a reconhecer a sua condição (vv.28-44). Mas eles escolheram odiar Jesus e ainda mais. Posteriormente, naquela mesma semana, eles o crucificariam.

A Bíblia nos mostra um contraste marcante entre as perguntas de Jesus e aquelas que Seu inimigo propunha. No livro de Gênesis 3, a serpente sutilmente plantou a semente da dúvida na mente de Eva: "...É verdade que Deus mandou que vocês não comessem as frutas de nenhuma árvore do jardim?" (v.1). A questão não foi formulada para esclarecer, mas para anuviar o assunto. A resposta de Adão e Eva introduziu a maldição da morte em nosso mundo agora decaído.

O fato de vivermos em um mundo mortal nos traz a questão: Como seremos reconciliados com Deus? Estamos com os "cobradores de impostos e prostitutas" que se arrependeram? (Mateus 21:32). Ou estamos com os líderes religiosos que se recusaram a crer em Jesus e o crucificaram? Nossa resposta faz toda a diferença para o mundo. —Tim Gustafson

leia›

Mateus 21:23-46

Jesus chegou ao Templo, e, quando já estava ensinando, alguns chefes dos sacerdotes e alguns líderes judeus chegaram perto dele e perguntaram - Com que autoridade você faz essas coisas? Quem lhe deu essa autoridade? (v.23).

examine›

Leia o livro de Gênesis 3:1-6 para ver como a serpente usou uma pergunta para afastar Adão e Eva de Deus.

considere›

Como você usa as perguntas? Para confundir? Para esclarecer? Para colher informações? Por que precisamos fazer perguntas que glorifiquem a Deus e revelem Sua verdade?

aplicação pessoal›

vale a pena

Corro pela praia, no meu campo de jogo enquanto a lua toca a água e me lanço sobre a pessoa vindo em minha direção. Tenho uma pilha de trabalhos para corrigir, uma casa que precisa da minha atenção e um prazo final para completar em menos de 48 horas, e aqui estou correndo pela areia e tentando proteger a base da minha equipe daqueles que querem pegar a nossa bandeira. Sinto cada um dos meus quase 38 anos, mas o que pode parecer ser só um jogo de pique bandeira, para mim é um investimento na igreja viva.

Se verdadeiramente entendemos a Palavra de Deus, compreendemos que nenhum cristão vive para si mesmo. Somos pedras vivas assentadas sobre a Pedra Angular (1 Pedro 2:4,5). Não se preocupar com as vidas dos que me rodeiam — colocar o meu crescimento espiritual no topo da minha experiência cristã — é perder a essência de Deus.

O ministério não sou só eu. Esse é um conceito difícil de captar quando chegamos à igreja esperando que nossas necessidades sejam atendidas — procurando o que melhor atenda nossos interesses.

Escolhi abrir mão de um final de semana, uma inconveniência naquele momento, para que a próxima geração soubesse que Jesus a chamou para a grandeza no reino. Viver esse preceito está longe do romântico. Investir nos outros — quer sejam crianças, adolescentes ou adultos — pode demandar tempo, ser complicado e desgastante. A mensagem clara de Paulo na advertência ministerial a Timóteo, no entanto, não é se, mas *como* ele deveria investir nos outros (1 Timóteo 4:11–5:2).

A doutrina cristã não se trata apenas de conhecimento. Ela nos mostra uma vida transformadora (4:12,16). E na essência dessa doutrina está o chamado ao relacionamento (5:1,2) — primeiro com Jesus e depois com o próximo (Marcos 12:30-33). Valorizamos esse investimento? —Regina Franklin

leia>

1 Timóteo 4:6-5:2

É por isso que lutamos e trabalhamos muito, pois temos posto a nossa esperança no Deus vivo, que é o Salvador de todos, especialmente dos que creem (4:10).

examine>

Leia 2 Timóteo 1:1-7 para ver como Deus usa vários recursos para trazer uma doutrina sólida e um firme fundamento para o nosso relacionamento com Jesus.

considere>

Quando você entra pelas portas da sua igreja, qual é o primeiro pensamento que lhe vem à mente? Por que o nosso crescimento pessoal deve ser prioridade?

aplicação pessoal>

a vida na videira

Muitos dizem que me pareço com meu pai. Quando estava na terceira ou quarta série, uma menina olhou para meu pai e para mim e exclamou: "Olhem, gêmeos!". Como a maioria dos meninos, eu queria ser alto e ganhar músculos. Queria *crescer e ser como meu pai*. Entretanto, não havia muita coisa que eu pudesse fazer para que isso acontecesse. Eu desejava aquilo e fiz meu melhor comendo todos os legumes; mas na maior parte do tempo, só tinha que esperar.

Imerso numa cultura que conhecia vinhedos, Jesus usou a imagem de uvas crescendo em parreiras para explicar como aqueles que o seguem recebem vida e desenvolvem plena maturidade. Os personagens no vinhedo são estabelecidos. Jesus é a "videira verdadeira", o "Pai é o lavrador" e "[nós] somos os ramos" (João 15:1,5). Os papéis são claros, porém muitos problemas acontecem quando os confundimos.

A vida flui para os galhos através da vinha. Esta provê regular e gratuitamente todos os ingredientes que os ramos necessitam para que o fruto venha. Os galhos simplesmente os absorvem, ficam aninhados em lugar seguro e permitem que o fruto seja produzido. Jesus é bastante claro: "...assim como o ramo só dá uvas quando está unido com a planta, assim também vocês só podem dar fruto se ficarem unidos comigo" (v.4).

Permanecer é ficar, descansar, habitar (ou viver). Em outras palavras, nosso trabalho é viver obedientemente em Jesus e então ver a vida de Deus fluindo por intermédio de nós, fazendo surgir belos e deliciosos frutos. Em nós mesmos, só vamos murchar e morrer. Sem Deus seremos inúteis porque fica assim: sem Jesus nada podemos fazer (v.5).

Você quer a verdadeira vida que produz frutos duradouros e glorifica a Deus? Permaneça em Jesus. —Winn Collier

leia>

João 15:1-17

Eu sou a videira, e vocês são os ramos... (v.5).

examine>

Leia João 15:1-17 novamente. O que Deus vai fazer? O que nós devemos fazer?

considere>

Você se sente propenso a pensar que é a sua própria fonte de força e vida? O que é preciso para que você simplesmente descanse em Deus?

aplicação pessoal>

só uma sombra

No filme *A Origem*, a tecnologia permite às pessoas tocarem nas mentes das outras pela invasão de sonhos. Dom Cobb, o herói nada perfeito do filme, perde sua esposa Mal quando esta comete suicídio devido aos efeitos ilusórios da invasão da sua memória dentro do sonho. No entanto, Mal continua aparecendo nitidamente a Dom em seus sonhos. No final, vendo a necessidade de deixar que sua pseudo-esposa partisse, Dom lhe diz: "Não consigo imaginá-la em toda a sua complexidade, toda a sua perfeição e imperfeição [...] *você é só uma sombra da minha mulher verdadeira* [...] Desculpe-me, você não é boa o suficiente."

Às vezes, o Jesus que temos em mente é apenas a uma sombra do que Jesus é na verdade. Em vez de experimentarmos o poder de Sua presença em nós (1 Pedro 1:5; Colossenses 1:27), nos agarramos a Ele somente quando estamos com medo ou necessitados. Em vez de viver com "uma viva esperança" (1 Pedro 1:3) de estar com Ele para sempre, vivenciamos um pavor sombrio e persistente à medida que encontramos as imperfeições da vida.

Pedro nos diz algumas palavras para tirar-nos de nosso estado de torpor e nos ajudar a cair na realidade da vida em Jesus: "Vocês o amam, mesmo sem o terem visto e creem nele, mesmo que não o estejam vendo agora..." (v.8). Por nossa *fé* (v.5) vivemos a *alegria* de cada momento (v.8) que provém de conhecer a Jesus e andar com Ele. Não estamos sozinhos quando enfrentamos provações (v.6). O Senhor nos permite sermos testados pelo fogo das dificuldades para que a nossa fé nele seja purificada e aperfeiçoada (v.7). E um dia, nossa recompensa por confiar nele será a salvação das nossas almas (v.9).

Não viva na *sombra* de Jesus. Experimente, pela fé, estar na presença dele ainda hoje. —Tom Felten

leia>

1 Pedro 1:3-9

Vocês o amam, mesmo sem o terem visto, e creem nele, mesmo que não o estejam vendo agora. Assim vocês se alegram com uma alegria tão grande e gloriosa, que as palavras não podem descrever (v.8).

examine>

No livro de 1 Coríntios 13:12, Paulo descreve o desafio que enfrentamos na luta para viver pela fé nesta vida. Note no final do versículo como Deus nos conhece.

considere>

Como tem sido experimentar só uma sombra do que Jesus é? De que maneira você pretende andar por Seu poder e presença hoje?

aplicação pessoal>

inimigos

"Sou forçado a pregar mesmo não me sentindo bem esta manhã," disse o Dr. Martin Luther King num dia de novembro de 1957. Seu médico o havia instruído a ficar na cama, mas King insistiu em falar.

Parafraseando as palavras de Jesus, ele declarou à congregação da Igreja Batista na Avenida Dexter in MonTim Gustafsonomery, Alabama: "Vocês ouviram o que foi dito: "Ame os seus amigos e odeie os seus inimigos. Mas eu lhes digo: amem os seus inimigos e orem pelos que perseguem vocês, para que vocês se tornem filhos do Pai de vocês..." (Mateus 5:43-45).

Como um afro-americano que vivia no sul dos Estados Unidos, onde havia a mancha do pecado do racismo, o Dr. King pregou sob condições tão desvantajosas, que suas palavras tiveram ainda mais validade. "De que maneira vocês amam os seus inimigos?", perguntou. "Comecem com vocês mesmos. Deve haver algo dentro de vocês que gere a trágica resposta de ódio em outro indivíduo [...]. Quando se apresentar a oportunidade para você derrotar o inimigo, esse será o momento de não derrotá-lo."

Enquanto pensamos sobre os nossos inimigos e a animosidade que abrigamos por eles, seria sábio nos lembrarmos de que antes éramos inimigos de Deus! (Romanos 5:10). Mas agora que cremos nele, Jesus nos reconciliou com Deus (v.11). Daqui para frente temos o ministério da reconciliação (2 Coríntios 5:18). É por isso que Deus diz para não nos vingarmos, mas ao invés disso deixar para Ele, que diz: "...Eu me vingarei, eu acertarei contas com eles, diz o Senhor..." (Romanos 12:19).

A maneira para derrotarmos os nossos inimigos é demonstrando-lhes o surpreendente amor de Deus cheio do Espírito. —Tim Gustafson

leia>

Mateus 5:38-47

Felizes as pessoas que trabalham pela paz, pois Deus as tratará como seus filhos (v.9).

examine>

Leia o livro de
1 Samuel 24 para ver o relato fascinante sobre como Davi lidou com a tentativa do rei Saul de caçar e matá-lo.

considere>

O seu próximo passo num relacionamento difícil não deveria ser um pedido de desculpas? O que fazer se as pessoas reagirem com ódio ao tentar amá-las?

aplicação pessoal>

providência

Minha família passou uma semana assistindo com nervosismo o avanço de uma tempestade prevista para atingir a nossa região na época em que planejávamos as férias. A tempestade chegou dois dias antes da data da viagem, impedindo os voos e relocando os passageiros em aviões lotados. Na manhã da nossa partida, a companhia aérea nos ligou e ofereceu cinco passagens de ida e volta para qualquer lugar se permitíssemos que nos colocassem para o dia seguinte. Aceitamos rapidamente a oferta, consolando nossos filhos que estavam desapontados com a promessa: "Agora podemos ir para as Bahamas no ano que vem!"

Enquanto refletia sobre a nossa sorte, ocorreu-me que a mesma tempestade que temíamos havia se tornado uma bênção de Deus para nós. Alguns podem atribuir nossa felicidade ao destino (como Salomão, em uma crise de ceticismo) — "...Tudo depende da sorte e da ocasião" (Eclesiastes 9:11). Entendo que é mais fácil escrever isto agora do que se nossa família tivesse ficado de plantão na pista de decolagem, sem nenhuma recompensa pelo atraso. A mesma tempestade que me abençoou foi uma notícia ruim para os outros.

É verdade. Mas não importa o que acontecer, somos recebedores do cuidado gracioso de Deus. Paulo declarou que tudo vem dele "por meio dele" que faz todas as coisas conforme o conselho da sua vontade (Romanos 11:36; Efésios 1:11). Podemos jamais saber por que *este* ou *aquele* infortúnio nos sobreveio, mas podemos confiar de que seja o que for que acontecer, nosso caminho passa primeiro pelas mãos do nosso Pai amoroso. Ele nunca para de prover para Seus filhos e usa até as tempestades da vida para o nosso bem.

Quer suas experiências hoje sejam boas ou ruins, você pode descansar no Deus que planejou a sua vida quando nenhum dos dias "havia ainda" (Salmo 139:16). —Mike Wittmer

leia›

Salmo 104

Todos esses animais dependem de ti, esperando que lhes dês alimento no tempo certo. Tu dás a comida, e eles comem e ficam satisfeitos (vv.27,28).

examine›

Leia o livro de Mateus 6:25-34 para saber o que fazer quando sua vida não estiver indo bem.

considere›

Você se sente incomodado ou consolado pela soberania de Deus? Por que é importante lembrar que Ele está no controle quando as coisas não acontecem como queremos?

aplicação pessoal›

forte tentação

Eu dirigia por uma rua bem movimentada quando um cone de sorvete de 2,5m se aproximou vindo de frente em minha direção e passou. Pisquei e conferi pelo retrovisor. Era a propaganda de um restaurante, algo como uma homenagem a um sorvete de menta com gotas de chocolate, definitivamente uma tentação para esta formiguinha!

Jesus não era imune à tentação e desafiou Seus seguidores a ficarem alertas e orar para que não cedessem (Mateus 26:41). Também lhes lembrou de que embora seja "...fácil querer resistir à tentação; o difícil mesmo é conseguir".

O Senhor conhecia a fraqueza de nossos corpos depois de ter passado por solidão e jejum no deserto (Lucas 4:2). Depois de 40 dias de fome, foi desafiado por Satanás a transformar uma pedra em pão. Mas usou as Escrituras para resistir à tática satânica (v.4).

Satanás tentou outra tática: *mentir*. Depois de mostrar a Jesus todos os reinos do mundo disse: "Dar-te-ei toda esta autoridade e a glória destes reinos; porque ela me foi entregue" (v.6). Hã? *Acho que não*. Jesus é e era o responsável pelo mundo (Colossenses 1:16). Pense no que Ele disse sobre Satanás e a sua mania de mentir (João 8:44).

Mesmo assim, Satanás exagerou sobre seu poder para tentar coagir Jesus a adorá-lo. O Filho de Deus resistiu dizendo: "...Adore o Senhor, seu Deus..." (Lucas 4:8). Depois de outra tentativa falha, o Diabo "...foi embora por algum tempo" (v.13).

Satanás está sempre procurando pela próxima chance de nos tentar também (1 Pedro 5:8). É por isso que precisamos nos proteger da fraqueza e do isolamento por meio da prestação de conta aos amigos cristãos. Também podemos memorizar as Escrituras que irão nos ajudar a enfrentar e a derrotar a tentação. Assim, estaremos equipados para resistir ao Diabo e fazê-lo fugir de nós (Tiago 4:7). —Jennifer Benson Schuldt

leia>

Lucas 4:1-13

Ali [Jesus] foi tentado pelo Diabo durante quarenta dias... (v.2).

examine>

Leia o livro de Gênesis 3:7-19 para saber os resultados originais de ceder à tentação. Leia 1 Coríntios 10:12,13 e veja como Deus pode nos ajudar a resistir.

considere>

Por que a tentação muitas vezes é mais forte quando estamos sozinhos? Por que às vezes cedemos mesmo que tenhamos a certeza do que é certo ou errado?

aplicação pessoal>

acredita em milagres?

Durante as Olimpíadas de Inverno de 1980, Al Michaels cobriu as competições de hóquei para a uma importante rede de TV. Essa rede poderia ter usado outros narradores, mas ele foi o aprovado por ser o único da equipe que tinha experiência na modalidade. Ele havia narrado *um* jogo oito anos antes.

Assim, em 22 de fevereiro de 1980, ele narrou o jogo da disputa de medalha entre os Estados Unidos e a União Soviética, jogo que ficou conhecido como *Milagre sobre o Gelo*. Nos segundos finais da improvável vitória americana, Michaels disse com entusiasmo aquela que se tornou uma frase memorável: "Você acredita em milagres? Sim!"

Anos mais tarde, Michaels descreveu este "ponto alto" de sua carreira como "pura sorte". E acrescentou: "Se eu não tivesse narrado aquele jogo, teria terminado cobrindo o biatlo. E não houve milagres nessa modalidade naquele ano." Mesmo que a sua humildade seja admirável, há outra explicação. Quando a vida se move de forma notável, tem mais a ver com a soberania divina do que com destino.

Daniel registra os acontecimentos incríveis da vida do rei Nabucodonosor. Depois de ascender ao trono da Babilônia e se tornar completamente cheio de si, seu reino foi despedaçado por Deus, que ainda o fez perder completamente a noção da realidade (Daniel 4:28-33). Demoraram sete anos para que o rei humilhado reconhecesse a soberania divina, e assim sua sanidade e o reino lhe foram restaurados (vv.34-37).

Nabucodonosor não considerou essa surpreendente mudança nos acontecimentos como aleatória. A experiência o ensinou que os resultados da vida estão nas mãos de Deus. Nada acontece fora do controle decisivo daquele que faz que "...todas as coisas trabalham juntas para o bem daqueles que amam a Deus, daqueles a quem ele chamou de acordo com o seu plano" (Romanos 8:28). —Jeff Olson

leia>

Daniel 4

Para ele, os seres humanos não têm nenhum valor; ele governa todos os anjos do céu e todos os moradores da terra. Não há ninguém que possa impedi-lo de fazer o que quer; não há ninguém que possa obrigá-lo a explicar o que faz (v.35).

examine>

Leia o livro de Gênesis 50:20 e veja o que Deus revelou a José sobre o propósito na dor.

considere>

Como você pode identificar melhor a ação de Deus evidente em sua vida? O que Ele fez em sua vida na semana que passou?

aplicação pessoal>

estou faminto

Em um artigo anterior, escrevi sobre os quatro irmãos subnutridos que eu alimento todos os dias. As crianças — Josué, Mirika, Ashaba, Katseme — têm uma aparência muito diferente agora que recebem o alimento nutritivo regularmente. Seus estômagos não estão mais inchados e sua pele não está mais coberta de feridas. Seus cabelos também não caem mais aos montes.

Muitas vezes, recordo a maneira incomum como vim a conhecê-los. O mais velho, Josué, foi pego roubando comida em minha casa. Quando lhe perguntei por que havia escolhido roubar em vez de me pedir, ele respondeu: "Porque eu *estava com fome*." O livro de Lamentações 4:9 diz: "Mais felizes foram as vítimas das espadas do que as vítimas da *fome*..." Se morrer esfaqueado é melhor que morrer faminto, não surpreende que a fome tenha levado Josué a roubar.

A fome intensa esgota as forças da pessoa (Jó 18:12). Faz crianças desmaiarem (Jó 17:5; Lamentações 2:19), e os mais humildes da sociedade buscarem comida em lugares desolados (Jó 30:3).

De acordo com a Organização das Nações Unidas para Agricultura e Alimentação. "A nova estimativa do número de pessoas que sofrem de fome crônica [em 2011] é de 925 milhões." O nosso Deus é um Deus que certamente deseja que estas estatísticas de fome diminuam. Da mesma forma como Ele satisfez a fome dos israelitas dando-lhes carne e maná no deserto (Salmo 105:40), também quer abrir Sua mão e satisfazer "...a todos os seres vivos" (145:16) ainda hoje.

Vamos nos unir a Ele orando intensamente pelos milhões de famintos ao redor do mundo e procurar formas tangíveis de ajudar a "satisfazer a fome" dos Seus "pequeninos" (Salmo 17:14). —Roxane Robbins

leia>

Lamentações 2:18-20

...Derrame o coração na presença dele e peça pela vida dos seus filhos, que morrem de fome nas esquinas das ruas (v.19).

examine>

O que Deus prometeu, no livro de
Isaías 49:10, que faria por aqueles que tivessem fome e sede?

considere>

Você pode aliviar o sofrimento de alguém que experimenta a fome extrema? Como o suprimento das necessidades físicas pode ajudar a tratar da sede espiritual?

aplicação pessoal>

servindo a graça

A bem-sucedida chefe de cozinha e apresentadora de TV, Rachael Ray, não faz parte da elite. "Ela não cozinha como eu," disse sua rival Martha Stewart. "E não tem a mesma habilidade que eu." Ainda assim, Rachael conquistou o coração dos espectadores — por sua abordagem gentil aos que a criticam.

O escritor e chefe Anthony Bourdain provou desta bondade. "Sabemos que ela não sabe cozinhar," criticou-a. "E então, o que nos vende? A certeza de que a mediocridade é suficiente." E como Rachel respondeu essas e outras palavras ríspidas de Bourdain? Ela afirmou publicamente que amava o trabalho dele, que o respeitava e contratou a banda preferida dele para o festival que ela organizava.

"Este episódio me deixou bastante confuso", admitiu Bourdain mais tarde. "Não sei se saio e atiro em um cachorrinho ou se envio a ela um cesto de frutas." Rachael enviou um cesto de frutas à casa de Bourdain com um bilhete pedindo que não atirasse em qualquer bichinho!

"Peçam que Deus abençoe os que perseguem vocês...", disse o apóstolo Paulo (Romanos 12:14). "Não paguem a ninguém o mal com o mal...", acrescenta (v.17). Usando palavras que seriam apropriadas para chefes de cozinha em disputa, Paulo cita um provérbio: "Se o que te aborrece tiver fome, dá-lhe de comer; se tiver sede dá-lhe água para beber" (Provérbios 25:21). Por quê? "Porque assim você o fará queimar de remorso e vergonha, e o SENHOR Deus recompensará você" (v.22). Quando abençoamos quem nos amaldiçoa, a bondade expõe o mal em contrastes nítidos. Esta bondade pode levar alguns inimigos ao arrependimento à medida que veem o próprio comportamento exposto (Infelizmente, para outros, essa boa obra irá acrescentar evidências contra eles no dia do julgamento).

Rachael Ray foi tratada com dureza, mas retribuiu com graça. Façamos o mesmo. —Sheridan Voysey

leia>

Romanos 12:9-21

Não paguem a ninguém o mal com o mal. Procurem agir de tal maneira que vocês recebam a aprovação dos outros (v.17).

examine>

Leia o livro de 2 Reis 6:21,22 para ver o profeta Elias praticando o versículo de Provérbios 25:21 ao enfrentar um exército inimigo.

considere>

Você recebe duras críticas neste momento em sua vida? Como demonstrar bondade ao invés de vingança?

aplicação pessoal>

Ele responderá

Recentemente, entrei na página do *Twitter* de uma atriz coreana que aprecio muito. Decidi, então, deixar um comentário para dizer-lhe o quanto sua peça recente me inspirara.

Desde então, espero em suspense para ver se ela responderá à minha mensagem. Sei que é improvável, porque uma estrela tão popular recebe centenas de mensagens todos os dias. E mais, sou só um fã. Ela não me conhece. Ainda assim, espero que me deixe um recadinho.

No livro de Salmo 91:15, lemos que Deus nos *responde*. Veja essas palavras: "Quando eles me chamarem, eu responderei...". *Uau*! Essa é uma promessa maravilhosa.

Quem é esse Deus que nos responderá? O salmista nos diz que Ele é o "Altíssimo," o "Todo-Poderoso" (v.1). Ambos os termos enfatizam Sua posição e poder sem limites. E no versículo 2, lemos que Ele é *Yahweh* (hebraico), o grande "Eu sou" que é o nosso Senhor.

O Salmo nos convida a nos escondermos no Senhor. Assegura-nos de que Deus nos protegerá do perigo (vv.1-13). Nos versículos 3 e 4, são trabalhadas as metáforas de uma ave-mãe e de uma armadura de metal para detalhar a inteireza do Seu poder e da Sua presença.

Comentando sobre estes versos, um professor escola bíblica escreveu certa vez: "a ave-mãe pode abrigar seus filhotes sob suas asas. Lá estão seguros. Há um toque muito terno aqui, enfatizando o calor do amor e cuidado divino. Não há somente a ternura no cuidado de Deus, também há firmeza, como demonstra a imagem da armadura de metal."

O próprio Deus promete manter em segurança aqueles que o amam (vv.14-16). Ele nos *responde* e cuida de nós! —Poh Fang Chia

leia›

Salmo 91

Quando eles me chamarem, eu responderei e estarei com eles nas horas de aflição. Eu os livrarei e farei com que sejam respeitados (v.15).

examine›

Deus responde as orações. Leia o livro de Lucas 11:5-12 e veja o que Jesus disse sobre essa realidade.

considere›

Como está o seu tempo de oração na presença de Deus? A apresentação que o Salmo 91 faz de Deus influencia a sua maneira de orar?

aplicação pessoal›

perdido e achado

Todos já passaram pela temida experiência de perder algo. Os celulares, chaves, carteiras e dinheiro são bons exemplos. A existência de um departamento de Perdidos e Achados nos *shoppings* nos diz que perder coisas é uma experiência comum. Coisas são perdidas e achadas. Ficamos muito felizes e aliviados quando o que perdemos nos é devolvido!

Por que você procura com persistência por R$ 1.000 que estavam fora do lugar, mas não se importa com centavos perdidos? *Perder coisas de valor significativo nos fará despender grandes esforços para recuperá-las.* Jesus usou essa verdade para abrir os corações e os olhos dos fariseus.

Sentindo-se ofendidos pelas pessoas com quem Jesus investia o Seu tempo, os fariseus e os mestres religiosos reclamaram que "Este homem se mistura com gente de má fama e toma refeições com eles" (Lucas 15:2). Embora com isso eles pretendessem atacar o caráter de Jesus, no final acabaram afirmando a obra que Ele viera fazer: salvar aqueles que sabiam que eram pecadores perdidos (Mateus 9:13; Lucas 19:10).

Em resposta às suas atitudes de autojustificação, Jesus lhes contou três parábolas diferentes — uma ovelha perdida (15:3-7), uma moeda perdida (vv.8-10) e um filho perdido (vv.11-24). Os objetos nessa parábolas aumentam em proporção e importância: ovelha perdida (1 em 100), moeda perdida (1 em 10), filho perdido (1 em 2).

O livro de Lucas 15 é o departamento de Achados e Perdidos da Bíblia. Todas as três parábolas podem ser resumidas em quatro palavras: *perdido, procurado, achado, alegria.* Todas nos ilustram um quadro inconfundível sobre quem Deus é. Ele é o pastor que procura, a mulher que procura e o pai que espera.

E há uma razão simples para a Sua busca incansável (vv.4,8) e subsequente alegria (vv.6,9,24): *Você* tem grande valor para Ele! (vv.7,10,32). —K. T. Sim

leia›

Lucas 15:1-24

Porque o Filho do Homem veio buscar e salvar quem está perdido (19:10).

examine›

O que os livros de Mateus 9:9-13 e Lucas 5:27-32 dizem sobre o que Jesus veio fazer e quem Ele veio buscar?

considere ›

Por que os publicanos e pecadores eram atraídos para Jesus? As pessoas "pecadoras" se sentiriam à vontade com você? Por quê?

aplicação pessoal›

personalidade ou preceito?

Twitter. *Facebook. Podcasts.* Em poucos segundos, podemos receber verdades bíblicas de todo o mundo. Podemos louvar com as nossas bandas preferidas. Os pregadores e escritores mais atuais podem nos dar discernimento dos problemas mais duros. A Palavra jamais foi tão acessível. Apesar desta informação oferecer oportunidades de crescimento espiritual, nossa esperança não está na tecnologia ou nas palavras dos homens, mas na Palavra viva.

Eu entendo a aparente hipocrisia em minhas palavras. Não quero diminuir o poder do compartilhamento de nossas lutas, pensamentos ou vitórias em toda a nossa caminhada cristã. Além disso, a tecnologia pode ser uma ferramenta poderosa nesse processo. No entanto, como igreja, precisamos desafiar-nos mutuamente para nos assegurarmos de que os nossos olhos estejam na Fonte e não nos mensageiros.

Ao exortar a igreja em Corinto, o apóstolo Paulo destacou as áreas onde devemos estar focados em aprender com aqueles que nos cercam: nossa maturidade não deve ser determinada pelas pessoas que conhecemos ou professamos seguir, mas pela evidência da Palavra se tornando ativa em nossas vidas (1 Coríntios 3:2,3); Deus é o autor e consumador da nossa fé; nós somos vasos através dos quais Ele opera (vv.6-9). Deus, e não o homem, define o que é eterno e digno de preservação. Assim, os nossos esforços deveriam ser para a Sua glória e não para a nossa (vv.11-15).

A forma como vivemos estas verdades não é nos isolando das ideias dos outros (Provérbios 18:1,2). A Palavra de Deus nos diz para seguirmos os exemplos positivos de outros cristãos em nossa busca por Cristo (1 Coríntios 4:15,16). Mas, mais do que tudo, precisamos nos lembrar de que "...Cristo está em vocês, [...] a firme esperança de que vocês tomarão parte na glória de Deus" (Colossenses 1:27) é a luz que o mundo precisa desesperadamente. —Regina Franklin

leia›

1 Coríntios 3:1-23

Ninguém deve se orgulhar daquilo que as pessoas podem fazer. Tudo isso pertence a vocês, [...] e vocês pertencem a Cristo, e Cristo pertence a Deus" (vv.21,23).

examine›

Leia o livro de Atos 17:10-12 para ver em o que há em comum entre os ensinamentos dos outros e o nosso próprio estudo.

considere›

Você passa mais tempo lendo outros livros do que a Bíblia? Como equilibrar a percepção que ganhamos de outras leituras com o nosso próprio estudo da Palavra?

aplicação pessoal›

quando Deus fala

Eu não sou jardineiro. A forma mais certa de matar suas flores ou legumes é me pedir para cuidar deles. Então, admiro aqueles que têm o dom de trabalhar com todas as coisas que são verdes e crescem. Alguns jardineiros têm uma prática (se é superstição ou não, não sei) de falar com suas plantas. Eles se debruçam sobre suas azaleias, seus narcisos ou brotinhos e sussurram, conversam... até cantam. Insistem que suas palavras estimulam o crescimento.

A Bíblia apresenta Deus como aquele cujas palavras trazem vida. No livro de Gênesis, a história inicial da humanidade é feia. Repetidas rebeliões humanas levam à desoladora admissão de que Abrão e Sarai não têm filhos. Ela é estéril. As tentativas humanas são infrutíferas, vazias.

Como disse Walter Brueggemann: "Esta família (e com ela toda a família de Gênesis 1–11) desperdiçou seu futuro e não tem mais para onde ir. A esterilidade é o caminho da história humana. É uma metáfora eficaz de desesperança. Não há futuro à vista. Não há poder humano para inventar um futuro."

Em seguida, a história se modifica com estas simples palavras: "...o SENHOR Deus disse..." (12:1). Deus falou em meio à esterilidade e ao caos. Foi como se dissesse: *"Vocês fizeram seu melhor, e é aqui que vieram parar — agora se afastem."*

Ainda no início na história do Gênesis, estas palavras nos lembram de outro tempo em que Deus falou à escuridão e ao caos. Antes de Deus começar a criar, "a terra [...] estava sem forma e vazia, e havia trevas sobre a face do abismo". Dentro do nada, "Disse Deus...".

Deus falou e houve a luz, a vegetação floresceu e os humanos surgiram. Isso *ainda* acontece quando Deus fala. —Winn Collier

leia>

Gênesis 12:1-4

Os seus descendentes vão formar uma grande nação... (v.2).

examine>

Leia o livro de Marcos 5:35-43. Como a maioria das pessoas reagia às palavras de Jesus? Como a filha de Jairo reagiu à palavra de Jesus?

considere>

Qual é a área estéril em sua vida neste momento? O que você percebe que Deus está falando nesta área?

aplicação pessoal>

as coisas pequenas

Alguém perguntou ao líder de uma organização sem fins lucrativos: "Como o seu ministério prospera nesses tempos econômicos difíceis?" "São as pequenas ofertas," ele respondeu sem hesitar. "As grandes ofertas somem quando as coisas ficam difíceis. Mas nós temos muitas pessoas que fazem pequenas doações, e elas são fiéis em compartilhar o que têm."

As coisas grandes e espalhafatosas impressionam o mundo. Os ricos emprestam seus nomes e montanhas de dinheiro para prédios e patrimônios, e nós somos beneficiados. A generosidade dos ricos é boa, independentemente de sua motivação. Mas Deus não se impressiona com a riqueza.

Logo depois da fuga dramática do povo de Israel do Egito, Deus deu instruções para Moisés construir o tabernáculo. Moisés disse: "...façam uma oferta ao SENHOR. Quem quiser fazer isso deverá trazer uma oferta de ouro, prata ou bronze", e listou as necessidades (Êxodo 35:5). Também disse: "Todos os homens habilidosos deverão vir..." (v.10). E as pessoas vieram. Todos os que tinham o coração disposto podiam ajudar. Na verdade, foram tão generosos que no final Moisés teve que dizer que "...ninguém mais trouxesse ofertas para a Tenda Sagrada" (36:6).

Quando olhamos para todos os problemas e necessidades que enfrentamos, o desespero pode parecer uma opção tentadora. Deus, no entanto, usa coisas pequenas e pessoas anônimas para dissolver os problemas impossíveis. Nosso desespero é o nosso "motivo" para nos apoiarmos totalmente nele.

"O pouco é muito quando Deus está presente," escreveu a compositora Kittie Louise Suffield. Quando fazemos o que podemos, com oração e generosidade, para atender às necessidades que Deus põe em nosso caminho, Ele cuidará do restante.

Não despreze os pequenos presentes. Eles podem levá-lo a coisas grandes, pela graciosa mão de Deus. —Tim Gustafson

leia›

Êxodo 35:4-29

Todos os israelitas trouxeram de muita boa vontade as suas ofertas a Deus, o SENHOR, para o trabalho que ele, por meio de Moisés, havia ordenado que fosse feito (v.29).

examine›

Segundo a profecia de Ageu, por que o povo de Deus não estava prosperando? (1:1-11).

considere›

Você tende a menosprezar as coisas pequenas? Que pequena ação você pode tomar hoje para fazer algo em nome de Jesus?

aplicação pessoal›

promessas e louvor

Você já fez alguma promessa que não cumpriu? Eu também. Estremeço ao pensar nas promessas que já quebrei ao longo dos anos. A vergonha vem da percepção de que eu tinha dado minha palavra para fazer algo por alguém e recuei depois de repensar o que meu voto exigiria de mim. *Ai, ai.*

Somos culpados de sermos o tipo de pessoas que fazem promessas em cima de promessas. Mas, podemos confiar em Deus porque Ele cumpre as Suas promessas. Quando Ele promete, Ele cumpre. Pergunte a Salomão. Ele louvou a Deus por Sua fidelidade em cumprir Suas promessas de ver o templo construído em Jerusalém e para que Davi, o pai de Salomão, se assentasse no trono (2 Crônicas 6:6). As duas coisas se tornaram realidade — Davi se assentou no trono em Jerusalém e foi sucedido por Salomão, e o templo foi construído "...como prometera o SENHOR..." (v.10).

Salomão reagiu adequadamente por Deus ter cumprido Suas promessas — ele o *louvou.* O rei declarou a todo o povo: "Bendito seja o SENHOR, o Deus de Israel! Pois pelo seu poder ele cumpriu a promessa..." (v.4). Deus é digno de nosso louvor, pois tem feito grandes coisas. À medida que lemos em Sua Palavra sobre as Suas obras maravilhosas e todas as promessas que Ele cumpriu, nossos corações e mentes deveriam se encher de admiração e louvor!

A quem Salomão declarou os louvores a Deus? *A toda a comunidade de Israel* (2 Crônicas 6:3). Quando louvamos a Deus para os outros, revelando o que Ele fez, eles também podem experimentar a existência real do nosso grande Cumpridor de Promessas.

Hoje, considere as promessas que o Senhor cumpriu no passado e as que Ele cumprirá no futuro. Decida-se a vivenciar estas palavras: "Eu sempre darei graças a Deus, o SENHOR; o seu louvor estará nos meus lábios o dia inteiro" (Salmo 34:1). —Tom Felten

leia>

2 Crônicas 6:1-11

E agora o SENHOR cumpriu a sua promessa. Eu fiquei no lugar do meu pai como rei de Israel e construí o Templo para a adoração do SENHOR, o Deus de Israel (v.10).

examine>

Leia o livro de Números 23:19 e pondere sobre a fidelidade de Deus em cumprir Suas promessas (diferente de nós).

considere>

Por quais promessas de Deus você vai louvá-lo hoje? E como você o louvará diante dos outros?

aplicação pessoal>

o canário

Um amigo meu abandonou sua mulher e três filhos, apesar de conhecer a verdade, pois era um professor de seminário. Ele mente para sua família e está em processo de divórcio. Outra amiga abusa de sua família, gastando o dinheiro da comida no que ela quer comprar para ela, e xinga gritando quando a conta bancária está vazia. Ambos estão agindo irracionalmente, talvez porque sejam culpados de adultério persistente, sem demonstrar arrependimento.

Há algo no pecado sexual que arruína as mentes de pessoas antes saudáveis. Paulo explica no livro de Romanos 1:18-32 que, à medida que a pessoa persiste no pecado, as coisas podem se degenerar em uma lista de "...perversidade, maldade, ganância, vícios, ciúmes, crimes de morte, brigas, mentiras e malícia." Tais pessoas "...Caluniam e falam mal uns dos outros. Têm ódio de Deus e são atrevidos, orgulhosos e vaidosos..." (vv.29-30).

Como todos os pecados, a pessoa que se envolve em imoralidade sexual está abrindo a porta para outras decisões sombrias. Todos sabem que a imoralidade sexual é errada. Todos sabem que é errado romper os votos do casamento ou cobiçar outra pessoa — tornando-a seu objeto de autogratificação. Até as pessoas que afirmam não ter problemas com o sexo extraconjugal descrevem suas escapadas como "ser travesso".

O pecado sexual, sem dúvida, abusa do outro para tirar vantagem pessoal. Sabemos que é ruim desumanizá-las, mas nosso desejo egoísta é tão forte que não nos importamos. E uma vez que tenhamos cometido tal ato egoísta, o que não faremos a mais? Outros pecados podem vir facilmente para os que já se renderam à luxúria.

A luxúria é um canário morto numa mina de carvão, o primeiro sinal de que há algo confuso em nossa caminhada com Jesus. Não a menospreze. Arrependa-se antes de agir tolamente. —Mike Wittmer

leia›

Romanos 1:18-32

E, como não querem saber do verdadeiro conhecimento a respeito de Deus, ele entregou os seres humanos aos seus maus pensamentos, de modo que eles fazem o que não devem (v.28).

examine›

Leia o livro de Efésios 4:17-32 para descobrir o papel central que a imoralidade sexual pode ter em nossa queda no pecado, e como os filhos de Deus devem viver de forma diferente dos outros.

considere›

Que passos você pode tomar para evitar cair em pecado sexual? Por que quem é pego em imoralidade sexual tende a culpar os outros por seu pecado?

aplicação pessoal›

bom juízo

"Não me julgue!" A maioria de nós já usou essas palavras para se defender quando cremos que alguém questiona injustamente algo que fizemos. Então, é errado julgar as pessoas? Afinal, o próprio Jesus disse: "Não julguem..." (Mateus 7:1). A resposta é *sim* e *não*.

É importante entender que a palavra *julgar* é neutra. Pode ter um sentido positivo ou negativo, dependendo *como* está sendo usada. Por exemplo, há uma grande diferença entre alguém que tem um "bom juízo" e alguém que está sendo "crítico". O primeiro se refere a uma pessoa que tem um discernimento sábio. O segundo é usado para descrever uma pessoa que condena erroneamente os outros.

Jesus usou a palavra julgar de diversas formas também. Em certa ocasião Ele disse: "Não julgueis segundo a aparência, e sim pela reta justiça" (João 7:24). Jesus estava claramente nos ensinando sobre a forma correta e sábia de julgar as pessoas e as situações. Mas Ele usou a palavra de forma diferente ao dizer: "Não julguem..." (Mateus 7:1). Aqui o Senhor está falando de uma forma inadequada de julgamento — do tipo hipócrita, que avalia a todos menos a si mesmo. Continuou ainda enfatizando que primeiramente devemos tratar dos problemas em nossas próprias vidas antes de podermos tratar corretamente um problema que tenhamos com outra pessoa (Mateus 7:3-5).

No livro de Mateus 7:1, Jesus não estava dizendo que todo julgamento é ruim. Se tivesse dito isso, então seria culpado por violar Seu próprio ensinamento. Estava realçando a hipocrisia dos religiosos de Seus dias. Ao fazê-lo, no entanto, Ele demonstrava que não seríamos bons juízes, a menos que primeiramente nos dispuséssemos a nos avaliarmos com o mesmo nível de análise.

A maneira de desenvolvermos o bom juízo é julgando-nos a nós mesmos em primeiro lugar. —Jeff Olson

leia>

Mateus 7:1-5

Para ter sabedoria, é preciso primeiro pagar o seu preço. Use tudo o que você tem para conseguir a compreensão (Provérbios 4:7).

examine>

Leia no livro de Provérbios 4:1-9 para ver como a sabedoria e o entendimento funcionam bem juntos.

considere>

Que tipo de juiz você é? Em que área de sua vida você deve recuar e se autoavaliar antes de julgar os outros? Por que às vezes é bom julgar os outros?

aplicação pessoal>

água pura e cristalina

Um copo grande de água gelada. A condensação refresca minha mão. Limpa, pura, sem cor, sem cheiro; livre das químicas feitas pelo homem e da corrupção. Levo o copo aos meus lábios e bebo dessa água que me refresca profundamente.

Um pequeno rio borbulhante em meio à floresta. Delicadas ondulações, folhas flutuando, água correndo suavemente em volta de rochas e galhos. Líquida como cristal revelando as pedrinhas à sua margem. Faço uma concha com as mãos e molho minha face. Ela limpa o suor e a areia — essa água limpa profundamente.

Uma tempestade aguardada há muito tempo numa terra castigada pela seca. A chuva cai molhando o solo, gotejando sobre o caule da árvore, derrubando folhas. O solo produz novos brotos, a árvore fica firme novamente, as folhas começam a florescer e as crianças pulam alegremente nas poças — e tudo isso veio da água que renova profundamente.

Refrescante, purificadora, renovadora. Sem água ficaríamos sedentos, sujos e sem vida. Então quando Jesus a usa como metáfora para se descrever, fazemos bem em ouvi-lo.

Esta água nos refresca. "...Se alguém tem sede, venha a mim e beba", Jesus clama em alta voz para nós (João 7:37). A água que Ele oferece refresca para sempre, tornando-se uma "...uma fonte de água que dará vida eterna" (4:14). Ela limpa nossos pés suados e sujos (João 13:6-10), e leva embora nossos pecados (1 João 1:9). Esta água nos renova. Todos que dela bebem terão rios de água viva brotando de seus corações (João 7:38), fonte que traz vida eterna (4:14). De fato, Aquele que satisfaz a nossa maior sede está fazendo tudo novo (Apocalipse 21:5,6).

Jesus é a água limpa, pura, sem corrupção que refresca, purifica e renova. Quem crer em mim pode vir e beber, Ele diz (João 7:38). Volte à fonte verdadeira de vida. —Sheridan Voysey

leia>

João 7:37-39

O último dia da festa era o mais importante. Naquele dia Jesus se pôs de pé e disse bem alto - Se alguém tem sede, venha a mim e beba (v.37).

examine>

Leia os livros de Salmos 1:3; 42:1; Isaías 32:2; Jeremias 17:8; 31:9; Ezequiel 36:25 e Hebreus 10:22 e veja como a metáfora da "água" é usada.

considere>

Você já experimentou Jesus lhe oferecendo água refrescante, limpa, e renovadora? Como você pretende investir o seu tempo hoje "bebendo" dessa água?

aplicação pessoal>

se eu fosse o diabo

No prefácio do livro *O conhecimento* das *Escrituras* (Ed. Cultura Cristã, 2003), de R. C. Sproul, J. I. Packer escreve: "Se eu fosse o diabo [...] um dos meus primeiros objetivos seria impedir as pessoas de se aprofundarem na Bíblia [...] Como? Bem, eu distrairia todos os clérigos para não pregarem sobre ela nem a ensinarem, e espalharia o sentimento de que estudar este livro antigo é um fardo extra que os cristãos modernos poderiam abdicar sem que houvesse perdas... Eu iria querer, a todo custo, impedi-los de usarem suas mentes de forma disciplinada para entender o conteúdo de suas mensagens."

Dito isso, você tem que crer que Satanás uma vez ficou irritado com o profeta Esdras. Pois ele "...havia dedicado a sua vida a estudar, e a praticar a Lei do SENHOR, e a ensinar todos os seus mandamentos ao povo de Israel" (7:10). O profeta ficou conhecido como um "mestre da Lei", ele "conhecia muito bem a Lei de Moisés" (v.6), e como aquele que era "...o mestre da Lei, que conhecia bem todas as leis e mandamentos que o SENHOR tinha dado a Israel" (v.11).

Imagino Esdras sentado à sua mesa, copiando cuidadosamente a santa Palavra de Deus. De tempos em tempos ele pausa para — nas palavras do poeta alemão Rainer Maria — "...se reclinar e fechar seus olhos sobre uma linha que lia novamente, e deixar seu significado se espalhar pelo seu sangue."

Nosso motivo para estudar a Bíblia é simples — temos um relacionamento de aliança com Deus. Enquanto estudamos Sua Palavra, nos tornamos mais capazes de compreender os Seus mandamentos.

Precisamos separar uma hora, aquietar os nossos corações e examinar cuidadosamente as Escrituras. Porém, precisamos entender e aplicá-la. Esta combinação nos permitirá revelar a sua sabedoria transformadora aos outros.

Deixe o diabo furioso esta semana ao mergulhar na Palavra de Deus e aplicar as verdades bíblicas em sua vida. —Poh Fang Chia

leia›

Esdras 7:1-26

Esdras havia dedicado a sua vida a estudar, e a praticar a Lei do SENHOR, e a ensinar todos os seus mandamentos ao povo de Israel (v. 10).

examine›

Leia o Salmo 19:7-11 para ver porque é importante estudar, obedecer e ensinar a Palavra de Deus.

considere›

O que você fará para começar a estudar de verdade a Palavra de Deus? Aplicá-la em nossa vida nos transforma? E aos outros?

aplicação pessoal›

andando sobre o fogo

Pessoas que conseguem andar sobre o fogo me fascinam. Elas têm algo especial que lhes permite olhar para tapetes de carvão quente, soltar as sandálias ou tirar suas meias e pisar sobre eles. Alguns veem isto como um rito de passagem, uma forma de vencer o medo, ou um meio de descobrir alguma veia de força interior encoberta. Seja qual for a razão, algo sério está em jogo.

Para Sadraque, Mesaque e Abede-Nego, a questão era a adoração. Eles encararam um encontro pessoal com o fogo — não somente andando sobre carvão quente, mas entrando em uma fornalha — porque se recusaram a adorar uma imagem gigante erigida pelo rei Nabucodonozor (Daniel 3:18).

Assim, "...Sadraque, Mesaque e Abede-Nego caíram na fornalha..." (v.23). Eles deveriam ter sido automaticamente incinerados. Observando de perto, o rei perguntou: "Como é, então, que estou vendo quatro homens andando soltos na fornalha? [...] — Eles estão passeando lá dentro, sem sofrerem nada. E o quarto homem parece um anjo" (v.25).

O rei chamou os três amigos para fora (v.26). O fogo não lhes havia tocado; nem ao menos cheiravam a fumaça! Isto levou o rei babilônio a reconhecer o único Deus verdadeiro, dizendo: "[Deus] enviou o seu Anjo e salvou os seus servos, [...] não há outro Deus que possa salvar como este" (vv.28,29).

A Bíblia diz: "...somos nós mesmos que causamos o sofrimento, tão certo como as faíscas das brasas voam para cima" (Jó 5:7). Você está com problemas hoje? Talvez as chamas da dificuldade o estejam levando para um lugar onde o futuro é incerto — talvez sua "fornalha" seja um divórcio iminente, uma doença séria ou um problema financeiro. Não importa o que for, a presença de Deus com você é verdadeira. E se continuar a crer nele, Ele pode usar o resultado para Sua glória. Como aqueles que andam sobre o fogo, você pode trazer glória ao Senhor.
—Jennifer Benson Schuldt

leia›

Daniel 3

E, amarrados, Sadraque, Mesaque e Abede-Nego caíram na fornalha (v.23).

examine›

Leia Isaías 43:1,2 para ver o sentimento de Deus com aqueles que caminham pelo fogo. Leia o livro de 1 Pedro 1:6,7 para ver o resultado de uma fé firme que foi forjada no fogo da perseguição.

considere›

Por que é tão tentador nos desviarmos dos caminhos de Deus? Como Deus responde quando voltamos a Ele após termos recaído?

aplicação pessoal›

interceptando a preguiça

Em um de seus sermões o pastor citou uma entrevista com o ex-diretor de uma renomada fábrica de móveis. E relatou: "Ele é muito requisitado para falar sobre liderança e numa sessão alguém lhe perguntou qual a coisa mais difícil que ele teve que tratar pessoalmente. Esta foi sua resposta: 'interceptar a entropia'". Muito antes que esse homem reconhecesse esta fraqueza nele mesmo, Salomão aconselhou a sua audiência sobre como poderiam interceptar a sua própria preguiça.

Em certa fazenda em Israel (Provérbios 24:30-34), quando o escritor avistou a propriedade, ele imediatamente distinguiu que tipo de pessoa era o dono — complacente, preguiçoso e sem juízo. Suas terras estavam cobertas de espinhos e ervas daninhas e o muro em ruínas (v.31). A plateia do sábio ficaria chocada com a falta de cuidado do dono da fazenda e teria suposto: *os hábitos desleixados e a desorganização do proprietário eram evidência de sua negligência física e espiritual.*

O autor citou Provérbios 6:10,11; 24:33,34 e concluiu corretamente: o dono estava descansando e dormindo quando deveria estar trabalhando. O que começou com um cochilo, no final se tornou um estilo de vida de preguiça e indiferença, levando-o ao declínio. Sua preguiça traía o Deus que o havia abençoado. A lição era óbvia: o trabalho duro é uma sábia virtude, necessária para se tornar sábio e deter a inatividade.

Se as pessoas passassem por sua casa, olhassem sua garagem ou se sentassem em seu escritório, o que pensariam? Como seguidores de Jesus, somos chamados a não sermos preguiçosos e a buscar sabedoria, com trabalho duro, mordomia diligente, incluindo — mas não nos limitando a — vidas organizadas. Vamos buscar a sabedoria e trabalhar com afinco em tudo o que fizermos. —Marvin Williams

leia>

Provérbios 24:30-34

Eu andei pelos campos e plantações de uva de um homem tolo e preguiçoso (v.30).

examine>

Leia o livro de Provérbios 12:27; 19:24; 22:13; 26:13-15 e determine algumas outras causas da preguiça ou seja, da entropia humana.

considere>

O que seus hábitos revelam sobre você? Cuidado ou negligência? Ao verem como você vive o que se pode concluir sobre a sua vida espiritual?

aplicação pessoal>

a Palavra de Deus

As palavras de uma pessoa são inseparáveis de quem as diz. Pense em suas próprias palavras. Elas vêm unicamente de você. São só suas e comunicam o que está em seu coração. Vêm do seu eu interior — sua alma — e expressam suas ideias, pensamentos, sentimentos e caráter. *Suas* palavras são ditas com sua voz e soam com seu próprio sotaque, timbre de voz e inflexão. São formadas pelo seu fôlego, seus pulmões — do profundo do seu ser.

E, até certo ponto, as suas palavras têm poder criativo. Elas podem entrar em minha mente e coração e me fazer rir, chorar, questionar uma crença antiga ou crer em algo novo.

Não posso falar suas palavras assim como não posso conhecer seus pensamentos mais profundos. Não posso inspirar o ar que você inspira e falar exatamente com sua voz e sotaque. Não estou dentro de você. Não sou você. Suas palavras são só *suas*.

Agora pense na descrição que o apóstolo João fez de Jesus como a "Palavra" de Deus:

A revelação de Deus: "O Filho único [...] foi quem nos mostrou quem é Deus", diz João (João 1:18). "...Quem me vê vê também o Pai...", disse Jesus sobre si mesmo (14:9).

A voz e o "fôlego" divino: "...O que eu digo a vocês não digo em meu próprio nome; o Pai, que está em mim, é quem faz o seu trabalho" (v.10).

"Por meio da Palavra, Deus fez todas as coisas, e nada do que existe foi feito sem ela" (1:3). Não é de admirar que João nos tenha dito que esse Verbo não estava somente "com" Deus no princípio, mas "era" Deus (v.1). O Verbo divino é inseparável de Deus. Sua Palavra é unicamente dele.

Jesus é de fato o coração, alma, voz, fôlego e o poder criativo de Deus. —Sheridan Voysey

leia›

João 1:1-18

Antes de ser criado o mundo, aquele que é a Palavra já existia. Ele estava com Deus e era Deus (v.1).

examine›

Reflita nas palavras a seguir baseadas no versículo acima: "...As palavras que eu lhes disse são espírito e vida" (João 6:63).

considere›

É difícil para você crer na divindade de Jesus? O que significa o fato dele ser o "Verbo" de Deus na maneira que você vive e se expressa verbalmente?

aplicação pessoal›

uma ovelha perdida

A Bíblia usa metáforas para descrever os que não creem em Jesus: searas grandes (Mateus 9:37,38), peixe na rede (13:47), convidados a um banquete (22:10) e ovelhas — com frequência perdidas e sem pastor (Salmo 119:176; Isaías 53:6; Mateus 18:12; Lucas 9:36; 1 Pedro 2:25).

Phillip Keller, um pastor de ovelhas, é autor de A *Shepherd Looks at Psalm 23* (O olhar de um pastor sobre o Salmo 23); ele escreveu que a ovelha precisa ter um pastor. Elas necessitam mais atenção e cuidado meticuloso do que qualquer outro tipo de animal criado em fazendas. Desprovidas de defesa natural ou capacidade de ataque, são impotentes e vulneráveis aos predadores. São lentas, o que as torna presas fáceis. São animais ingênuos, míopes (incapazes de perceber as ameaças que as rodeiam). Precisam que se lhes diga o que fazer e aonde ir ou se desviarão em direção aos perigos. Não possuem senso de direção. Um cão ou um pássaro podem encontrar seu caminho de volta para casa, mas uma ovelha que se perde está perdida de fato. Então, a imagem de uma ovelha desgarrada é preocupante e perigosa. Enfim, uma ovelha perdida é um símbolo de morte iminente e certa.

Qual é a grande questão sobre uma ovelha perdida? Digamos que uma entre 100 se desgarre. Uma fazenda de ovinos moderna simplesmente daria baixa como uma despesa. Mas para os pastores do Oriente Médio, cada uma era preciosa, valiosa o suficiente para que ele deixasse no deserto as 99 e fosse buscar a que se perdeu, *até encontrá-la* (Lucas 15:4). A próxima imagem é ainda mais bonita: "Quando a encontra, fica muito contente e volta com ela nos ombros" (v.5).

Você já se desgarrou de Deus? Está perdido? O Seu pastor saiu com a missão de buscar e resgatar você. Quando Ele o trouxer de volta para casa o Senhor se alegrará, porque encontrou *você* (v.6). —K. T. Sim

leia>

Lucas 15:3-7

Eu, o SENHOR Deus, digo que eu mesmo procurarei e buscarei as minhas ovelhas" (Ezequiel 34:11).

examine>

Por que Jesus é o nosso Bom Pastor? (Ezequiel 34:16; João 10:1-16).

considere>

A Bíblia diz que todos nós somos como ovelhas (Isaías 53:6). De que forma somos como ovelhas perdidas? Em que sentido somos diferentes das ovelhas?

aplicação pessoal>

jejum e fé

Quando Gandhi quis atrair a atenção dos poderosos e fazê-los agir contra a injustiça, ele começou uma greve de fome. Há alguns anos quando eu estava confuso e entristecido comecei um jejum de três dias. Somos criaturas físicas, e o estado de nossas almas ou as expectativas de nosso coração requerem expressões físicas.

As Escrituras sugerem que o uso (ou a abstinência) da comida é uma forma natural e expressiva de nosso corpo refletir as realidades espirituais que estamos vivendo. A Palavra de Deus sugere muitas causas que desencadeariam nosso jejum de comida, mas o fundamental é o fato de ser uma resposta a Deus. Algumas razões por recorrermos a Deus com o ato de jejuar podem incluir:

- Ocorre uma tragédia, e nos voltamos a Deus em angústia. Por exemplo, quando Davi chorou a morte de Saul e Jônatas (2 Samuel 3:35).
- Voluntariamente nos sintonizarmos com Deus, lembrando que a Sua presença é o que mais desejamos. Os jejuns bíblicos eram encerrados com banquetes, declarando que aqueles que estão famintos pela presença de Deus estão agora saciados.
- Um ato de solidariedade pelos pobres. Deus, através do profeta Isaías, disse a Israel que o jejum que Ele desejava era o compartilhamento de "...comida com os famintos..." (Isaías 58:7). Agostinho fez a penetrante pergunta: "Quantos pobres podem ser saciados com o café da manhã que abrimos mão no dia de hoje?"

Podemos jejuar por estas e muitas outras razões. Cada uma delas nos capacita a obedecer a Deus e dar-lhe a nossa atenção com o nosso corpo. Buscá-lo não somente com a nossa boca e estômago, mas com todos os nossos sentidos. Ao jejuar, encontramos Deus com os nossos corpos. —Winn Collier

leia›

Isaías 58:6-11

Não! Não é esse o jejum que eu quero… (v.6).

examine›

Observe o livro de Joel 2:12-15 e as diferenças entre as emoções e expressões físicas humanas mencionadas. Qual é o personagem central deste texto?

considere›

Qual é sua experiência com jejum? Como o jejum pode nos aproximar de Deus?

aplicação pessoal›

honrado

O metrô estava cheio de passageiros no horário de pico. Minha família e eu estávamos na plataforma esperando para que as portas se abrissem e pudéssemos entrar. Cansados depois de um longo dia de passeio, estávamos almejando o refúgio em nosso hotel. Peguei a mão de meu filho e passei pelas portas abertas. Enquanto procurava por uma barra para me segurar, um homem se levantou e ofereceu-me o seu assento. Fiquei muito agradecida por dar uma folga a meus pés e também profundamente honrada por seu gesto.

Na azáfama de nosso mundo, ou seja; na correria em que vivemos, o senso de celeridade ou oportunismo pode nos fazer observar mais o que é imediatamente conveniente para nós naquele momento, em vez de enxergarmos os outros e suas necessidades. Estamos muito ocupados para parar, muito atormentados para diminuir o ritmo, muito atualizados para sermos restringidos. O preço que pagamos por sermos assim, normalmente recai sobre os nossos relacionamentos. A descida da ladeira geralmente começa quando não honramos os outros.

Rute, a *estrangeira*, era verdadeiramente uma serva humilde e teve uma jornada fascinante. O apóstolo Pedro escreveu: "Portanto, sejam humildes debaixo da poderosa mão de Deus para que ele os honre no tempo certo. Entreguem todas as suas preocupações a Deus, pois ele cuida de vocês" (1 Pedro 5:6-7). Depois da morte de seu marido e filhos não restava mais nada a Noemi. A vida dela, em seu ponto de vista, era amarga. Rute revelou ter um coração de serva ao se humilhar enquanto ajudava sua sogra a lidar com os dias de desespero.

Mas a história não termina com os sacrifícios de Rute. Ao continuar a criar uma cultura de honra onde quer que fosse, Deus a abençoava (Provérbios 18:12; Rute 4:13-17) e a história nunca mais foi a mesma.
—Regina Franklin

leia›

Rute 1:16–3:1

Boaz respondeu: — Eu ouvi falar de tudo o que você fez pela sua sogra. [...] Que o SENHOR a recompense por tudo o que você fez... (2:11,12).

examine›

Leia o livro de Romanos 12:10; Efésios 6:2; Filipenses 2:25,29,30; 1 Tessalonicenses 5:12; 1 Timóteo 5:3; Hebreus 13:4 e 1 Pedro 2:17. Como trazer honra aos nossos relacionamentos.

considere›

Como você foi ensinado a honrar o próximo, especialmente os mais velhos e mais experientes? Como podemos demonstra honra cristã aos outros?

aplicação pessoal›

pergunta antiga

Dois irmãos gêmeos de 48 anos decidiram não ajudar sua mãe após ela ter caído e se machucado. Os dois simplesmente deixaram a mulher ferida na entrada da casa que dividiam com ela. A polícia foi contatada depois que a mãe não tinha sido vista pelos amigos por várias semanas. Acharam seu corpo no mesmo lugar em que caíra — três meses após a sua morte. A pessoa que defendeu os filhos, acusados de assassinato, afirmou que os homens tinham problemas mentais que os impediram de ajudar a mãe. Que história triste e terrível!

O apóstolo Paulo, em sua carta a Timóteo (um jovem pastor a quem mentoreava), nos ensina a forma *correta* de responder à antiga questão sobre como cuidar de nossos pais e outros idosos amados:

• *Respeito:* O respeito afetuoso deveria ser demonstrado àqueles que se aproximam do fim da jornada da vida (1 Timóteo 5:1,2). A dignidade concedida a um pai que esteja lutando com os efeitos da idade e o amor bondoso demonstrado à mãe que não consegue corresponder revela que este coração está refletindo o próprio coração de Deus.

• *Cuidado:* Ajudar a atender as necessidades espirituais, físicas, emocionais e sociais de um idoso amado é parte de "...recompensar a seus progenitores..." (1 Timóteo 3:5-7; 5:4). Isso é algo que Deus, que nos ama e cuida tão bem de nós, espera de Seus filhos.

Os desafios e fardos da vida podem muitas vezes nos fazer ignorar as necessidades de nossos parentes idosos, quer nossos pais ou outros familiares. Paulo afirma, no entanto, que o excesso de ocupação não é desculpa para não nos envolvermos em demonstrar-lhes respeito e carinho. Quando as nossas reservas são pequenas, podemos buscar ajuda de outros e — melhor ainda: orar a Deus por força e sabedoria para sermos realmente cuidadores compassivos. —Tom Felten

leia>

1 Timóteo 5:1-8

Porém aquele que não cuida dos seus parentes, especialmente dos da sua própria família, negou a fé e é pior do que os que não creem (v.8).

examine>

No livro de Levítico 19:32, Deus ordena que o temamos. O que mais Ele nos manda fazer neste versículo?

considere>

Como você pode demonstrar mais respeito e cuidado com os mais idosos em sua família? Por que Deus espera que você os apoie quando necessário?

aplicação pessoal>

guarda-chuva

A canção *Umbrella* (Guarda-chuva), da cantora pop Rhianna falou sobre o poder da amizade para nos impulsionar nos dias nublados. "Agora que chove mais do que nunca, saiba que ainda temos um ao outro; você pode ficar sob o meu guarda-chuva." É uma metáfora memorável para a nossa necessidade de ajudarmos uns aos outros, mas também indica que pouco podemos fazer por nossos amigos.

O guarda-chuva é frágil — ótimo para a garoa, mas inútil sob chuvas torrenciais de verão ou ventos fortes. Com prazer, segurarei o guarda-chuva para os que amo, mas haverá dias em que precisarão de muito mais do que isso. Ao nos abalarmos diante das ondas esmagadoras da traição, câncer e limitações, não precisamos somente de um guarda-chuva, mas de uma rocha.

Davi escreveu uma canção quando foi resgatado da estrondosa perseguição de Saul. Embora suas palavras não fossem embaladas pelo ritmo caribenho fácil de lembrar como o da Rihanna, o conteúdo era ainda mais inspirador. Ele disse que se afundava no mar do desespero: "Eu clamo ao SENHOR pedindo ajuda, e ele me salva dos meus inimigos. Louvem o Senhor! Estive cercado de perigos de morte, e ondas da destruição rolaram sobre mim" (2 Samuel 22:4-5).

A música da Rihanna apresenta uma excelente ideia, mas também ilustra a pobreza daqueles que não conhecem Jesus. Ela diz: "Estarei aqui para sempre. Disse que sempre seria sua amiga... então siga em frente, deixe chover, serei tudo o que você precisa e mais". Com certeza, a cantora tem boa intenção, mas está prometendo mais do que pode cumprir. Ela não estará aqui para sempre, e não pode ser "tudo o que você precisa". Ninguém pode.

Agradeça a Deus pelos que o protegem. Considere-os como sinais de Deus para o que você realmente precisa — uma rocha, uma fortaleza e um Salvador. —Mike Wittmer

leia>

2 Samuel 22:1-20

O SENHOR é a minha rocha, a minha fortaleza e o meu libertador. O meu Deus é uma rocha em que me escondo... (vv.2,3).

examine>

Aprecie as promessas do Salmo 46. Como este Salmo pode ajudá-lo a sobreviver — e prosperar em meio às crises?

considere>

Quem precisa da sua proteção? Pense também em como poderá levá-lo à Rocha.

aplicação pessoal>

hoje

O filme *Sociedade dos Poetas Mortos* me apresentou uma frase antiga de um poema em latim: *carpe diem*. Quer dizer "aproveite o momento", uma chamada urgente para viver a vida plenamente, aproveitando o máximo de cada um dos dias. De forma geral, é um bom conselho, especialmente para aqueles que tendem a viver passivamente e observar a vida passar.

O escritor da epístola aos Hebreus também focava na urgência do "hoje" (3:7-15). Inspirado pelo tempo trágico na história de Israel quando o povo caiu em décadas de falta de fé e rebelião no deserto, ele imprimiu em seus leitores cristãos um senso de urgência sobre a caminhada com Deus. À luz do que ocorrera com os israelitas no deserto do Sinai, o autor aos Hebreus exortou-os a serem cuidadosos, não cometendo o mesmo erro. Ele alertou também a admoestarem-se enquanto ainda é "hoje" (v.13).

Assim como os israelitas, os cristãos podem deixar o pecado da falta de fé perdurar em seus corações. Se não for observado, com o tempo irá endurecê-los contra Deus. Enquanto é "hoje", enquanto ainda há oportunidade, os cristãos podem identificar esse problema em si e nos outros e fazer o que é certo. Os cristãos genuinamente preocupados podem oferecer aos outros a bondade de seu envolvimento e apresentar opiniões amáveis e verdadeiras que irão soar o alarme sobre os perigos da falsidade do pecado.

O escritor não os está encorajando a serem intrometidos. Está, porém, nos encorajando a primeiramente "ouvir" o que o Espírito de Deus está dizendo sobre a falta de fé rondando os nossos corações (v.7). Está ainda nos chamando a nos envolvermos nas vidas uns dos outros, para que possamos cuidar de um irmão cujo coração está em perigo de se endurecer para Deus. —Jeff Olson

leia›

Hebreus 3:7-15

...enquanto esse "hoje" de que falam as Escrituras Sagradas se aplicar a nós, animem uns aos outros, a fim de que nenhum de vocês se deixe enganar pelo pecado, nem endureça o seu coração (v.13).

examine›

Leia Hebreus 10:24. Note como o autor equilibra seu chamado para exortar os cristãos sobre os perigos da falta de fé com o chamado de como motivar uns aos outros a agir com amor e bondade.

considere›

Em seu coração há falta de fé que precise ser apresentada a Deus? Se for necessário, como você lidará com o pecado na vida de algum amigo nesta semana?

aplicação pessoal›

o amor de Deus

Cristiano, um jovem de 17 anos, senta-se no sofá parecendo chateado. Seu pai tenta argumentar com ele e lhe diz, em lágrimas, que está entristecido com ele. O pai sente-se ferido pela ingratidão que recebeu, mesmo depois de ter cuidado do filho com amor. Como resposta o rapaz o desafia, bufando: "Sério? Prove!".

Parece absurdo? Bem, dê uma olhada no livro de Malaquias 1. Esse livro foi escrito por volta do ano 450 a.C. Os israelitas haviam retornado do exílio 80 ou 90 anos antes. Eles tinham reconstruído o templo, mas certamente não se comparava ao templo original feito por Salomão. E eles não tinham um rei, só um governador — indicado pelo governo Persa. Na mente de muitos, Deus os havia desapontado.

Nesse cenário, Deus argumentou pacientemente com Seu povo. Ele afirmou: "...Eu sempre amei vocês..." A evidência? Ele os escolheu e cuidou deles (vv.2-4).

O autor Ray Stedman parafraseia as palavras de Deus assim: "Se vocês querem entender o Meu amor, olhem para alguém que não tenha desfrutado dele. Olhem para Esaú e vejam o quanto a história dele difere das suas, mesmo Jacó e Esaú sendo irmãos gêmeos."

Algumas vezes, as circunstâncias em que nos vemos são tão complicadas que nos perguntamos se Deus realmente nos ama. O diabo está sempre pronto para sussurrar em nossos ouvidos que Ele não nos ama. E ainda por cima, as nossas circunstâncias parecem provar isso! Nesses casos, lembremo-nos de que Deus nos *escolheu* para sermos Seus (Efésios 1:4-6) antes de o mundo existir. A cruz é a evidência de Seu amor. Nela "...Deus nos mostrou o quanto nos ama: Cristo morreu por nós quando ainda vivíamos no pecado"(Romanos 5:8).

Ouça Suas palavras novamente e encoraje-se: O Senhor afirmou: "Eu sempre amei vocês..." —Poh Fang Chia

leia>

Malaquias 1:1-5

O SENHOR diz ao seu povo: — Eu sempre amei vocês. Mas eles perguntam: — Como podemos saber que tu nos amas?... (v.2).

examine>

Leia o livro de Romanos 9:11-16 para ver a natureza soberana do amor de Deus.

considere>

Qual a sua resposta às evidências do amor de Deus em sua vida? Como isso o influenciou a reconhecer que Ele realmente o ama?

aplicação pessoal>

antes dos últimos elogios

No livro *As Aventuras de Tom Sawyer*, de Mark Twain, os personagens Tom, Huck Finn e Joe Harper escapuliram por poucos dias sem avisar ninguém. Quando voltaram para casa, seus amigos, confusos, tinham presumido que eles haviam se afogado e organizaram um funeral. Os meninos travessos voltaram discretamente à cidade e assistiram ao seu próprio funeral, refugiados nas vigas da igreja. De lá, gostaram de ouvir as coisas boas que eram ditas sobre eles.

Um amigo meu tomou coragem de pôr em ação a ideia de falar para as pessoas o bem que haviam feito em vida — sem esperar por seu culto funeral para fazê-lo. Escreveu "discursos elogiosos" para muitos amigos como presentes de aniversário. A reação foi extremamente positiva.

O apóstolo Paulo entendia o valor do elogio e do encorajamento genuíno. Começava a maior parte de suas cartas incentivando os seus leitores. Em sua carta aos Filipenses, chamou-os de ajudadores "...no trabalho de anunciar o evangelho, desde o primeiro dia até hoje" (1:5). Expressou confiança de que estariam "...firmes e unidos" (1:27). Falou sobre a "...oferta junto com o sacrifício que vocês, por meio da sua fé, oferecem a Deus" (2:17) e declarou-lhes: "...Vocês me fazem tão feliz, e eu me orgulho muito de vocês" (4:1). Elogiou-os por seu apoio financeiro generoso para seu ministério (4:10-19).

Tudo isso foi formulado no contexto da fé e unidade profundamente arraigada em Jesus. Paulo diz: "Pois eu estou certo de que Deus, que começou esse bom trabalho na vida de vocês, vai continuá-lo até que ele esteja completo no Dia de Cristo Jesus" (1:6). Isso resultará em "...boas qualidades que só Jesus Cristo pode produzir, para a glória e o louvor de Deus" (v.11).

Nós que seguimos a Cristo estamos "mortos para o pecado" (Romanos 6:11). Paulo fez da sua vida um discurso elogioso vibrante de gratidão a Deus. Nós podemos fazer o mesmo. —Tim Gustafson

leia>

Filipenses 1:1-11

A vida de vocês estará cheia das boas qualidades que só Jesus Cristo pode produzir, para a glória e o louvor de Deus (v.11).

examine>

O livro de Gálatas 1 nos apresenta uma exceção no hábito de Paulo em elogiar seus leitores. Qual é o motivo para isso? (Gálatas 1:6-9).

considere>

Há alguém que precise ouvir palavras de encorajamento ou elogio de você esta semana? Como você pode expressá-los?

aplicação pessoal>

cigarras são para sempre

Você pode dar o nome de uma pessoa amada a uma cigarra doando só dez dólares para a *Rede WWF* (antes conhecido como *Fundo Mundial para a Natureza*). Esse evento é feito para arrecadar apoio financeiro para essa organização e o alvo sãos os enamorados que querem fazer um tributo à natureza duradoura de seu amor. O pessoal do zoológico patrocinador afirma que a cigarra simboliza criatividade e resiliência, e dizem: "As flores murcham, os chocolates derretem, mas as cigarras são para sempre."

A relação de Deus com a nação de Israel nos ensina sobre Seu amor sem fim. Pouco antes dos israelitas herdarem a Terra Prometida, eles se rebelaram contra o seu Criador, testando-o e se recusando a ouvir a Sua voz (Números 14:22). Deus se irou, e com razão. Porém, Moisés apelou a Ele e disse: "E agora eu te peço, ó Deus, que perdoes o pecado deste povo, de acordo com a tua grande misericórdia..." (v.19).

Deus perdoou os israelitas, mas se recusou a poupar-lhes da vara quando se tratou de sua rebelião. Fez do Seu povo uma nação de nômades por 40 anos como punição (v.34). Embora eles não tenham ficado satisfeitos com a sentença, foi um sinal do amor de Deus por eles. Porque a Bíblia diz: "...o Senhor corrige quem Ele ama..." (Hebreus 12:6).

O Senhor também demonstra o Seu cuidado por meio da provisão. Enquanto os israelitas andavam pelo deserto por muitas décadas, Deus satisfez suas necessidades mais básicas. Deu-lhes comida, roupas e sandálias (Deuteronômio 29:5-6).

Deus provê para Seus filhos, e lhes perdoa e disciplina. Estas ações são sinais de Seu amor constante, que se estendem através da história para nos alcançar hoje. Por causa de Jesus (João 3:16), podemos louvar a Deus com o salmista que disse: "...o teu amor dura para sempre e que a tua fidelidade é tão firme como o céu" (Salmo 89:2).

—Jennifer Benson Schuldt

leia>

Números 14:10-44

E agora eu te peço, ó Deus, que perdoes o pecado deste povo, de acordo com a tua grande misericórdia... (v.19).

examine>

Leia o livro de Deuteronômio 7:9 para ver a extensão do amor constante de Deus, e Gênesis 32:9-10 para perceber a perspectiva de Jacó sobre o nosso valor.

considere>

Por que é importante saber que o amor de Deus nunca muda? O seu amor pelos outros é comparável à afeição imutável de Deus com Seu povo?

aplicação pessoal>

pragas que toleramos

Que tipo de pragas você toleraria em sua casa? Uma pesquisa revelou resultados surpreendentes. Os pesquisadores descobriram que as pessoas pagariam para um exterminador se as seguintes pestes fossem encontradas em suas residências: 24% pagariam para exterminar aranhas; 27% para se livrar de formigas; 56% para banir os percevejos; 56% para se ver livres de roedores; 58% para matar as baratas; 87% para acabar com os cupins. O que causa surpresa nesta pesquisa é que, com exceção dos cupins, cerca de metade da população que participou estava disposta a tolerar *algumas* pestes desagradáveis em seus lares.

Paulo lembrou aos gálatas que devido à morte de Jesus eles não deveriam mais tolerar as pestes do pecado em suas vidas. A morte de Cristo quebrou o poder do pecado. Os gálatas tinham sido libertos do jugo da escravidão ao pecado e legalismo. Essa nova liberdade trouxe a responsabilidade de resistir às tentações da natureza pecaminosa e o privilégio de viver sob e de acordo com o poder do Espírito Santo. Quando voluntariamente escolhessem fazê-lo, de maneira alguma tolerariam as pestes dos pecados sexuais (Gálatas 5:19), dos pecados espirituais (v.20) e dos pecados relacionais (vv.20,21) em suas vidas. Ao invés disso, eles produziriam fruto e isso seria evidenciado em suas atitudes e ações (vv.22-24).

Façamos um inventário espiritual. Por quais dessas pragas: imoralidade sexual, idolatria, ódio, ira, inveja, impulsividade agressiva, divisões e concupiscências, nos deixamos imunizar? Com zêlo espiritual, vamos erradicar estas pestes de nossas vidas, pela leitura da Palavra de Deus, oração, vida em comunidade com pessoas cristãs e vida no poder e presença do Espírito Santo (v.25). —Marvin Williams

Leia›

Gálatas 5:16-26

Quero dizer a vocês o seguinte: deixem que o Espírito de Deus dirija a vida de vocês e não obedeçam aos desejos da natureza humana (v.16).

examine›

Leia o livro de Colossenses 3:5-17 e Efésios 4:25-32 e faça uma lista das semelhanças e diferenças entre essas duas passagens.

considere›

Considerando a lista que você acabou de fazer, quais pragas você vem tolerando em sua vida? Que passos dará hoje para extermina-las de sua vida?

aplicação pessoal›

A moeda perdida

"Onde está aquele envelope marrom que deixei na mesa da cozinha?", perguntei à minha filha. "Na mesa da sala", disse ela. Não estava na mesa da sala. Então comecei uma busca frenética por toda a casa: da cozinha aos quartos, pelo envelope colocado no lugar errado. Até as latas de lixo foram examinadas. Qual era o grande problema sobre o envelope perdido? Dentro dele havia cerca de R$ 2 mil.

Muitos já pregaram sermões sobre a ovelha perdida (Lucas 15:3-7) e do filho perdido (vv.11-24). Por ser a menor das três histórias, a da moeda perdida passa, muitas vezes, despercebida.

Uma mulher havia perdido uma das suas dez moedas de prata. Ela acende "...uma lamparina, varre a casa e procura com muito cuidado até achá-la" (v.8). Uma moeda de prata (dracma grega) valeria aproximadamente R$ 0,60 hoje em dia. Assim como o denário romano (Mateus 20:2), porém, era o equivalente a um dia de salário de um trabalhador comum. A perda de um dia de pagamento desencadearia uma procura deliberada e incansável. Assim, quando a mulher acha sua moeda, chama todos as suas amigas e vizinhas para uma festa. A moeda recuperada tinha um valor significativo, e fora achada!

Muitos de nós nos preocuparíamos com a perda do pagamento de oito ou mais horas de trabalho. A mulher na parábola se preocupou, pois sabia o valor da moeda. Era preciosa para ela.

Temos um grande valor para Deus — mais do que possamos imaginar. Ele não poupa esforços na busca por aqueles que estão perdidos (Lucas 15:8-10), e fica muito feliz ao nos encontrar (v.9). Recuperar você e eu traz grande alegria para o Senhor (v.10)! —K. T. Sim

Leia>

Lucas 15:8-10

E, quando a encontra, convida as amigas e vizinhas e diz: "Alegrem-se comigo porque achei a minha moeda perdida" (v.9).

examine>

Leia o livro de Lucas 19:1-10. Por que Jesus diria a Zaqueu que "...o Filho do Homem veio buscar e salvar quem está perdido" (v.10)? Quem é o "perdido"?

considere>

De que maneira o constante amor de Deus por você pode encorajar e desafiá-lo, hoje?

aplicação pessoal>

o lamento fiel

Assistimos tristes e preocupados um terremoto, o *tsunami* e o subsequente desastre nuclear atingir o Japão. Uma rede de televisão mostrou uma foto tocante de Manami Kon, de 4 anos, tendo de praticar, numa situação triste, sua habilidade recém-adquirida de escrever. Manami escreveu lentamente uma carta à sua mãe, que estava desaparecida desde o terremoto: "Querida mamãe, espero que você esteja viva. Você está bem?" Foi necessário quase uma hora para ela escrever a cartinha.

A menina, em seu jeito infantil, praticava uma arte antiga: o *lamento*. *Lamentar* significa "expressar pesar, dúvida ou raiva." É uma expressão da agitação em nosso coração. Os salmos nos dão modelos de lamentações com algumas das expressões mais cruas que uma pessoa poderia registrar. Em termos bíblicos, o lamento é um protesto apresentado contra Deus. É o escândalo dos Salmos — não são palavras compartilhadas entre pessoas, mas de pessoas para Deus. "Senhor," começa o salmista, deixando claro a quem ele se dirige (13:1). No meio da canção reitera, "Ó SENHOR, meu Deus, olha para mim e responde-me!..." (v.3).

Lamentar é reconhecer, sem dúvida, que as coisas não estão certas neste mundo e que não deveríamos fingir que estão. Lamentar é crer que Deus não quer que mintamos, especialmente para Ele.

No entanto, o lamento não é apenas o reconhecimento do que está errado. Ele nos lembra que Deus irá, no final, transformar o que é errado em certo. Embora o lamento seja um protesto dirigido contra Deus, é oferecido a Ele porque o Senhor é o único que realmente se importa com a injustiça, a dor e a destruição. É afirmar que nossa esperança, no final das contas, não será frustrada. Deus agirá em nosso favor.

O salmista conclui: "Eu confio no teu amor. O meu coração ficará alegre, pois tu me salvarás" (v.5). —Winn Collier

leia›

Salmo 13

Ó Senhor Deus, até quando esquecerás de mim? Será para sempre?... (v. 1).

examine›

Ore outro Salmo de lamento, como o Salmo 22. Quais são as expressões de protesto, fé e esperança?

considere›

O que em sua vida o faz lamentar? O que significa oferecer esse lamento a Deus, honestamente, sem encobrir nada?

aplicação pessoal›

o que não é dito

Às vezes, a vida traz necessidades ou momentos muito profundos para serem expressos em palavras. Nem todo o silêncio surge do desejo de esconder ou fingir que a vida está bem. As razões podem variar: talvez sintamos vontade de manter um segredo legítimo ou achamos que, se falarmos, colocaremos a reputação do outro sob risco desnecessário. Outras vezes, não conseguimos encontrar palavras para expressar o desejo do nosso coração. Qualquer que seja a razão, aprendemos com essas experiências que alguns lugares não podem ser alcançados pela voz humana até que nos rendamos ao Senhor.

Ana conhecia esse lugar (1 Samuel 1:2). Incapaz de compreender seus desejos maternais, Elcana não tinha palavras que aliviassem sua dor, e Penina só se preocupava em ter um alvo para seus comentários ferinos. Ninguém a entendia nem mesmo o sacerdote indicado a comparecer diante do trono de Deus por ela (v.14).

Silenciosa diante dos outros, Ana se ajoelhou diante de Deus em tristeza profunda enquanto lutava com as questões não respondidas sobre por que Deus, o Criador do universo, não lhe dera um filho sequer (vv.5,6). O Senhor respondeu com amor compassivo.

A esperança daquela mulher em Deus, porém, já existia muito antes da concepção de Samuel. Em fé, ela prometeu dedicar seu filho ao Senhor caso Ele decidisse lhe dá-lo (v.11). E quando Eli lhe assegurou que Deus concederia o seu pedido, ela creu (v.18).

Jesus teve que beber o cálice amargo do pesar (Lucas 22:41-44). Embora Sua angústia fosse infinitamente maior do que o sentimento de Ana, ou do que nós enfrentamos, Ele pode identificar-se conosco em nossa dor e sofrimento.

O Deus que ouviu o lamento de Ana é o mesmo Deus hoje, capaz de trazer vida à infertilidade. Descanse em Sua presença e reconheça a Sua soberania. —Regina Franklin

leia›

1 Samuel 1:1-18

Não pense que sou uma mulher sem moral. Eu estava orando daquele jeito porque sou muito infeliz e sofredora (v.16).

examine›

Leia o Salmo 20:1-5 e medite sobre o que a presença de Deus significa para nós em tempos difíceis.

considere›

De que maneira viver num mundo de comunicação constante nos faz sentir ainda mais sós em momentos de silêncio? Quando devemos compartilhar nossas lutas ou contá-las somente a Deus?

aplicação pessoal›

dieta progressiva

Após uma cirurgia recente (estômago), passei uma semana no hospital me recuperando. Fui colocado numa dieta passo a passo. Primeiro vieram os líquidos não calóricos, que tive de tomar por vários dias: gelatina, caldos e sucos. Depois veio a *dieta de líquidos encorpados* (incluindo farinha de aveia!), seguida por comidas leves (macarrão, legumes cozidos) e finalmente a dieta geral (todo tipo de comida!). Ainda bem que eu tive de ficar na *dieta de líquidos não calóricos* somente por quatro dias — simplesmente não me sustentava.

O apóstolo Paulo, aprisionado e provavelmente sendo alimentado de pão e água, escreveu aos cristãos de Colosso sobre sua *dieta espiritual*. Embora o apóstolo ainda não tivesse partido o pão na companhia deles (Colossenses 2:1), seu coração estava com eles (v.5). Ele sabia que a jovem igreja era ameaçada pelas "explicações falsas" (v.4) e sabedoria humana (v.8) que podiam afastá-los das verdades de Jesus, que sustentam e nutrem.

Paulo trouxe-os de volta à mesa e os alimentou com uma porção de *verdade*, ajudando-os a serem "...completamente enriquecidos com a segurança que é dada pela verdadeira compreensão do segredo de Deus. Esse segredo é Cristo" (v.2). Eles foram convocados a desenvolver sua dieta espiritual com as instruções:

- Seguir Jesus — aceitando-o como Senhor (v.6).
- Crescer em conhecimento e fé em Cristo (v.7).
- Encontrar sua identidade e vida em Jesus e celebrando Sua mensagem (vv.9,10).

Talvez algumas filosofias (v.8) e valores mundanos tenham abalado a sua dieta espiritual. Em vez de consumir essas calorias espirituais vazias, aprofunde-se em Jesus e em Sua realidade hoje. Nele "...todos os tesouros da sabedoria e do conhecimento estão ocultos" (v.3). Seguindo-o e crescendo diariamente nele, encontraremos o verdadeiro progresso espiritual. —Tom Felten

leia›

Colossenses 2:1-10

Estejam enraizados nele [Jesus], construam a sua vida sobre ele e se tornem mais fortes na fé, como foi ensinado a vocês. E deem sempre graças a Deus (v.7).

examine›

Leia o livro de Hebreus 5:12 e pondere sobre essa mensagem enquanto examina o progresso (ou a falta dele) em sua dieta espiritual.

considere›

O que é necessário para progredir em sua dieta espiritual: seguir e crescer em Jesus? É possível superar o que retarda a sua maturidade espiritual?

aplicação pessoal›

o evangelho e a justiça social

Muitos pensam não haver ligação entre o evangelho e a luta contra males sociais como a pobreza, o racismo e o tráfico sexual. Eles supõem que o evangelho se preocupa somente com a ida para o céu quando morrermos, e partem do princípio de que não há nada a dizer sobre as doenças sociais desta vida. Pior ainda, como o evangelho separa os cristãos das pessoas de outras religiões, alguns julgam melhor deixá-lo de lado. Se não o mencionarem, creem que conseguirão se unir com grupos diversos e juntamente combater os males sociais em suas comunidades.

O problema com essa linha de pensamento é o fato de muitas passagens do Antigo Testamento, como o Salmo 14:4, fazerem uma conexão clara entre injustiça e idolatria. Davi declara que aqueles que "...vivem explorando o meu povo..." também não invocam o Senhor. Isso faz sentido se refletirmos sobre o assunto. Os idólatras não adoram realmente seus ídolos, eles se adoram. Não procuram dinheiro, sexo ou poder para si próprios, mas pelos benefícios que possam receber deles. Trocam o verdadeiro Deus por si mesmos, e porque vivem de forma egoísta, para seu próprio prazer, inevitavelmente ferem e abusam de outros.

Se a idolatria gera a injustiça, então jamais conseguiremos a justiça social até que Deus limpe nossos corações da idolatria. E para isso, é necessário o evangelho. É ele que nos reconcilia com Deus e reordena nosso amor. Capacita-nos a amar a Deus e aos outros mais do que a nós mesmos, o que nos desperta a buscar justiça social para os pobres e oprimidos. E à medida que compartilharmos sobre Ele com os outros, Seu poder divino varre os ídolos dos seus corações também, dando-lhes poder para amar ao próximo.

Se queremos ver melhorias duradouras em nossa sociedade, devemos falar às pessoas sobre Jesus. —Mike Wittmer

leia>

Salmo 14:1-7

Será que toda essa gente má não entende nada? Eles vivem explorando o meu povo e não oram a mim (v 4)

examine>

Leia o livro de Oseias 4:1-3 para descobrir como a idolatria afeta os outros e toda a criação.

considere>

É legítimo aos cristãos unirem aos não-cristãos para combater a injustiça social? Quais as vantagens e limitações dessa atitude?

aplicação pessoal>

ESTUDO 50

o fracasso não é definitivo

O fracasso não é definitivo. Um homem na Bíblia que experimentou isso pessoalmente foi João Marcos — assistente de Paulo e Barnabé na primeira viagem missionária (Atos 13:5). Não sabemos qual era seu papel, mas provavelmente envolvia fazer o trabalho de bastidores, como comprar suprimentos e cozinhar, com algum outro ministério público. Ele lidava com algumas responsabilidades diárias da vida, de forma que Paulo e Barnabé pudessem se concentrar na missão de proclamar as boas-novas de Jesus.

Muito cedo em sua jornada, porém, João Marcos abandonou Paulo e Barnabé (v.13). Pode-se só especular qual o motivo de ele ter saído. Talvez tenha ficado com saudades. Talvez tenha se cansado de ser só um ajudante. Seja o que for, está claro que enquanto Paulo e Barnabé estavam contando com João Marcos, ele os decepcionou.

Algum tempo depois, Paulo e Barnabé planejaram voltar e compartilhar com os novos cristãos, que eles haviam levado a Jesus durante sua primeira viagem missionária. Barnabé queria levar João Marcos de novo, mas Paulo se recusou. Foi contra a ideia por causa da falha anterior do rapaz. Os dois discordaram tão veementemente que se separaram. Barnabé levou João Marcos consigo, e Paulo pediu a Silas que o acompanhasse (15:36-41).

Deve ter sido difícil para Marcos observar as consequências de sua atitude, mas ele escolheu ministrar com fidelidade junto a Barnabé. E, até Paulo, mais tarde, acabou mudando de opinião. Em carta a Timóteo, escreveu: "...Procure Marcos e traga-o com você porque ele pode me ajudar no trabalho" (2 Timóteo 4:11)

João Marcos falhou claramente, no princípio. Sua vida, entretanto, demonstra-nos que não é porque ele errara no passado que Deus não poderia usá-lo no futuro.

Aos olhos de Deus, o fracasso não é definitivo. —Jeff Olson

leia›

Atos 13:4-13

Somente Lucas está aqui comigo. Procure Marcos e traga-o com você porque ele pode me ajudar no trabalho (2 Timóteo 4:11)

examine›

Leia o Salmo 51 para ver como Davi percebeu que com Deus o fracasso não é definitivo.

considere›

Você acredita que Deus não possa usá-lo por causa de um fracasso no passado? O que João Marcos, Barnabé ou Paulo teriam para lhe dizer?

aplicação pessoal›

pais perfeitos

"Não sei mais o que posso fazer!", disse meu amigo enfurecido. "Estabeleço padrões elevados para meus filhos e os torno responsáveis por suas ações, e tudo o que eles fazem é me odiar. O que fiz para merecer isto?" Ele percebeu o quanto sempre fora "duro" (em sua própria definição) com seu filho para que ele fizesse coisas excelentes. Hum. Será que tem a ver com a ingratidão dos filhos? Ou a visão inflexível do pai sobre o amor sustentado em regras?

No princípio havia um Pai perfeito que não estabelecia muitas regras. Só uma, na verdade. Ele deu aos Seus filhos um jardim maravilhoso para viverem e trabalharem, e amava a companhia deles. Eles tinham tudo o que precisavam, incluindo um parceiro perfeito. (Só Adão e Eva podiam dizer isso). E o Pai lhes deu somente uma proibição: "...Você pode comer as frutas de qualquer árvore do jardim...", disse a Adão: "...menos da árvore que dá o conhecimento do bem e do mal. Não coma a fruta dessa árvore; pois, no dia em que você a comer, certamente morrerá" (Gênesis 2:16,17). Você conhece o restante da história. Parece que Adão e Eva eram como nós...

Deus, por ser o Pai perfeito, não lhes poupou do perigo. Havia consequências para seu comportamento. Mas Ele também não os *abandonou*. Mesmo naquele dia triste, colocou em ação um plano para nos resgatar da maldição do pecado com o sacrifício de Seu Filho perfeito, Jesus.

Neste mundo, pais imperfeitos lutam para criar filhos imperfeitos que crescem para aceitar ou ignorar seus conselhos e correção. Fazemos bem em nos lembrar de uma lição que Deus nos ensinou há muito tempo: o amor perfeito não espera amor em troca (1 Coríntios 13:5).

O amor que exigimos dos outros não é amor de forma alguma — é simplesmente extorsão. —Tim Gustafson

leia›

1 Coríntios 13:4-7

...[o amor não] guarda mágoas (v.5).

examine›

Quais as expectativas que se levantam por um amor como o descrito por 1 Coríntios 13:4-7? Como as pessoas que o cercam demonstram o amor de Deus por você?

considere›

Que tipo de amor você oferece aos outros? Por que é importante o fato de o amor de Deus por você não se basear no que você faz?

aplicação pessoal›

descaso

Aqui estão alguns pretextos que as pessoas podem dar por não adorar e servirem a Deus: "Estou cansado", "não me sinto amado", "não quero fazer isso."

Será que daríamos essas desculpas a nossos empregadores? Hum... duvido. Então, por que ousamos usá-las em relação a Deus? Esta era exatamente a pergunta que o Senhor fez a Seu povo em Malaquias 1:6-14.

Os israelitas estavam desonrando o nome do Senhor trazendo sacrifícios impuros a Ele. Deviam trazer-lhe o melhor, mas escolhiam ofertar o pior — animais que tinham doenças e não eram perfeitos (vv.7,8). Ao lhe dar ofertas indignas e ignorar Suas leis com relação aos animais que eram aceitáveis para o sacrifício (Levítico 22:17-25; Deuteronômio 15:21), eles demonstravam o quão pouco pensavam no Senhor.

Assim, Deus disse: "...Pois procurem oferecer um animal desses ao governador!..." (Malaquias 1:8). Aqui o Senhor nós dá um teste valioso para determinar como estamos indo em nosso culto a Ele: estamos tentando apresentar a Deus as coisas que não ousaríamos apresentar a um líder humano?

Um professor de ensino bíblico questiona incisivamente: "Como podemos ter menos respeito pelo Rei dos reis do que temos pelos poderosos políticos que são nomeados por Ele?". Deus não é somente o Senhor dos Exércitos celestiais. É também o nosso Pai e Mestre. Devemos amar e honrá-lo. Ao lermos a mensagem do Senhor ao povo de Israel da antiguidade, deveríamos nos perguntar: Estamos dando a Deus as sobras do nosso tempo e energia — a nossa segunda escolha? Ou o nosso *melhor*?

"...O filho respeita o pai, e o escravo respeita o seu senhor. Se eu sou o pai de vocês, por que é que vocês não me respeitam? Se eu sou o seu senhor, por que não me temem?" (v.6).

É isso que Deus está lhe dizendo hoje? —Poh Fang Chia

leia>

Malaquias 1:6-14

...Pois procurem oferecer um animal desses ao governador! Acham que ele o aceitaria com prazer e atenderia os seus pedidos? Eu, o SENHOR Todo-Poderoso, falei (v.8).

examine>

Leia os livros de 1 Coríntios 15:58; Gálatas 6:9 e 2 Tessalonicenses 3:13. Considerando esses versículos, como devemos servir a Deus?

considere>

De que forma você pode estar demonstrando desprezo por Deus hoje? O que significa oferecer o seu melhor a Ele?

aplicação pessoal>

graça escandalosa

Imagine-se parte de uma gangue criminosa que possui ligações com autoridades corruptas da cidade. Você descobre alguém que conhece tudo o que sua gangue faz. Uma noite você decide ir atrás dele. Ele precisa ficar calado sobre o que sabe. Seus capangas o trazem a você e juntos vocês planejam um complô maldoso.

Na manhã seguinte, em uma entrevista coletiva o prefeito sobe ao palco e diz: "Interceptamos um plano terrorista para explodir a prefeitura." Então, o seu rosto, leitor, é mostrado na tela da televisão.

O inocente é mantido em custódia, e os guardas entediados o censuram. Eles o chutam, cospem nele, colocam batom no seu rosto e derramam cerveja sobre sua cabeça. Alguns dos seus comparsas entram na cela dele e atam seus punhos e pés com fita adesiva, e a utilizam para cobrir seu nariz e boca. O corpo dele é encontrado por um guarda naquela tarde.

Agora imagine-se em casa poucos dias mais tarde e alguém bate à sua porta. Você abre a porta abruptamente e... *o* vê. Há marcas de fita adesiva nos pés e punhos, mas ele está vivo à sua frente. Ele olha para você e diz: "Eu o perdoo."

Como você se sente?

Nestes dias próximos à Páscoa, vamos dar uma olhada na história dessa celebração. Jesus foi pego e zombado por uma multidão judia corrupta (Marcos 14:53-59) e acusado falsamente de ato terrorista (v.58). Foi condenado à morte por um governante gentio corrupto (15:15), abusado por soldados (vv.16-20), vergonhosamente morto (vv.22-24), mas ressuscitado (16:6).

Os judeus e os gentios condenaram Jesus — toda a humanidade foi cúmplice. O Criador veio à terra e nós o matamos. Nós éramos os culpados, Ele o inocente. Mesmo assim, Ele *nos* oferece perdão (Lucas 23:34). Essa é a perfeita graça de Deus. —Sheridan Voysey

leia>

Marcos 14:53-65; 15:1-20

Então alguns começaram a cuspir nele. Cobriam o rosto dele, davam bofetadas nele e perguntavam: — Quem foi que bateu em você? Adivinhe! E também os guardas o pegaram e lhe deram bofetadas (14:65).

examine>

Leia as passagens de hoje novamente e imagine-se como um daqueles que condenaram ou zombaram de Jesus. Agora, imagine Jesus dizendo: "Pai, perdoa-lhes", para você.

considere>

Como você se sentiria se fosse um dos zombadores e ouvisse palavras de perdão? Como você agradeceu a Jesus por ter perdoado você?

aplicação pessoal>

um filho perdido

A história do filho pródigo é uma das mais famosas e familiares parábolas de Jesus. E também a mais *pessoal*, pois fala do que, muitas vezes, é o mais doloroso para nós — nossos filhos.

Na parábola da ovelha perdida (Lucas 15:3-7) e da moeda perdida (vv.8-10), a ênfase é na perda e nos esforços incansáveis dos donos para recuperar o que foi perdido (vv.4,8). A ovelha foi perdida devido à sua propensão natural ou facilidade para se desgarrar; a moeda por descuido. O filho, contudo, se perdeu por sua própria vontade pecaminosa (vv.11-13).

Em vez de um pastor e uma mulher à procura do que perderam, temos um pai que espera. O patriarca aflito não buscou incansavelmente por seu filho desviado. Ao invés disso, esperou pacientemente pelo retorno dele. Sem dúvida, o pai deve ter orado perseverantemente para que o filho "caísse em si" (v.17).

A reviravolta ocorreu quando o filho desejou ir ao encontro do pai e dizer: "...Pai, pequei contra Deus e contra o senhor..." (v.18). E retornou voluntariamente à sua casa: "Então saiu dali e voltou para a casa do pai..." (v.20).

Por que o patriarca não foi atrás do filho perdido? A primeira das duas histórias deixou claro que Jesus veio buscar e salvar o perdido (19:10). Mas esta terceira, do filho pródigo, enfatiza a responsabilidade do perdido — a necessidade de nos arrependermos. O longânimo Pai espera paciente e amorosamente por nosso retorno. "...Quando o rapaz ainda estava longe de casa, o pai o avistou. E, com muita pena do filho, correu, e o abraçou, e beijou" (v.20). A culpa do filho é ofuscada somente pelo perdão gracioso do Pai.

Você abandou seu lar voluntariamente? Caia em si e volte! —K. T. Sim

leia>

Lucas 15:11-24

Vou voltar para a casa do meu pai e dizer: 'Pai, pequei contra Deus e contra o senhor...' (v.18).

examine>

Por que o filho mais velho ficou tão chateado com a recepção que o seu irmão recebeu do pai? (Lucas 15:25-32). Neste momento, você é mais parecido com o pai, o filho mais velho ou o mais novo?

considere>

Por que o pai não impediu que o seu filho partisse e arruinasse sua vida? O que você teria feito?

aplicação pessoal>

duas tentações

Durante muitos anos, Irmela Mensah-Schramm anda pelas ruas de Berlim, Alemanha, limpando a propaganda de grupos neonazistas. Desde 1986, ela faz pinturas sobre os grafites e descola os adesivos (36 mil nos últimos quatro anos). Ela crê que pode vencer essa ideologia trabalhando em uma rua por vez.

Quando Deus colocou Adão e Eva no Éden, eles poderiam aproveitar todo o jardim, menos a "árvore do conhecimento do bem e do mal" (Gênesis 2:17). Eles não podiam lidar com aquele conhecimento, e comer do seu fruto os conduziria à morte. A serpente chegou com a sagaz sugestão de que eles não podiam confiar em Deus, e Eva a ouviu. Ela foi tentada de três formas diferentes — tentações que todos conhecemos: "...Os maus desejos da natureza humana, a vontade de ter o que agrada aos olhos e o orgulho pelas coisas da vida..." (1 João 2:16).

Infelizmente, Eva cedeu e todos temos cedido desde então. No entanto, há alguém que não se rendeu. Pouco antes de Jesus começar Seu ministério público, foi ao deserto jejuar por 40 dias. Novamente, o tentador chegou e usou as mesmas táticas, sugerindo que Jesus tomasse as rédeas em Suas mãos. Sugeriu que Cristo:

- ordenasse que pedras se transformassem em pães (Mateus 4:3).
- se atirasse do pináculo do templo (forçando a mão de Deus a resgatá-lo antes do tempo certo, v.6).
- conquistasse Jerusalém e se imaginasse governando sobre todos os reinos da terra! (v.8).

Jesus foi tentado com a concupiscência da carne, a concupiscência dos olhos e a soberba da vida. Mas Ele não cedeu. O Senhor venceu a tentação que nos destruiu — o que jamais conseguiríamos. Ele faz por nós, de todas as maneiras, o que nunca poderíamos fazer por nós mesmos. —Winn Collier

leia>

Gênesis 3:1-7; Mateus 4:1-11

Jesus respondeu: — Vá embora, Satanás!... (v.10).

examine>

Reveja as duas passagens nos livros de Gênesis e Mateus. Encontre as semelhanças e as diferenças entre essas duas histórias sobre a tentação.

considere>

Onde você enfrenta maior tentação? Concupiscência da carne, dos olhos ou orgulho? O fato de Jesus ter vencido o tentador o ajuda a lidar com a tentação?

aplicação pessoal>

deliberadamente

Como amo música, quero que meus filhos conheçam a sua beleza, além de simplesmente ouvirem suas notas. Assim, sem esconder o sonho de criar prodígios, meu marido e eu investimos tempo e dinheiro para dar prioridade ao aprendizado de música. Demos algumas escolhas aos nossos filhos, mas entendemos que temos um papel importante a desempenhar. A parte deles é treinar; a nossa é ensinar-lhes como prosseguir com seu compromisso e ajudá-los a investir seus talentos adequadamente. Se queremos que valorizem algo, *temos* que pagar o preço.

Com o crescimento espiritual de nossos filhos é igual. Levá-los à igreja é importante e necessário, mas nosso investimento no crescimento espiritual deles não deveria começar e terminar no culto de domingo. Como pais, o nosso compromisso com Cristo deve permear todas as áreas de nossa vida, para que a Palavra de Deus molde cada decisão que tomamos (Deuteronômio 6:6,8,9,17). E os nossos filhos (que nos conhecem à portas fechadas) veem e reagem à Palavra (v.20). Devemos valorizá-la como uma herança a ser preservada e doada.

Separar o tempo de meditação na Bíblia é uma resposta ao mandamento divino de ensinar nossos filhos. Se cremos que Ele pode cumprir a promessa de colocar Sua Palavra "...na boca de nossos filhos e na dos filhos dos nossos filhos [...] para sempre..." (Isaías 59:21 ARA), devemos entender que não podemos transmitir os mandamentos do Senhor apenas em ambientes de ensino. Precisamos vivê-los nos momentos espontâneos que Deus nos dá.

Se acreditamos que nossos filhos precisam de estrutura e investimento na área de esportes, artes, escolar ou musical, quanto mais deveríamos proporcionar-lhes para que frutifiquem espiritualmente! Vivamos consistentemente e ensinemos nossos filhos o que Deus tem revelado a nós. —Regina Franklin

leia>

Deuteronômio 6:1-25

...e não deixem de ensiná-las aos seus filhos. Repitam essas leis em casa e fora de casa, quando se deitarem e quando se levantarem (v 7).

examine>

Leia o livro de Josué 4 para ver a importância de testemunharmos aos nossos filhos sobre a bondade e a fidelidade de Deus.

considere>

É mais fácil investir nas coisas temporais do que nas eternas enquanto educamos nossos filhos? Você transmite as verdades de Jesus à próxima geração?

aplicação pessoal>

amor e ódio

Há uma linha muita fina entre o amor e o ódio. Li sobre uma esposa que estava tão cansada do marido a traindo que disse: "Eu não queria me divorciar dele. Queria que ele morresse." E o marido adúltero disse sobre a esposa: "Eu não a amava. Queria o divórcio."

Um relato perturbador da Bíblia revela como a afeição pode se transformar em rejeição rapidamente. Um dos filhos indisciplinados de Davi, Amnom, desejou sexualmente sua meio-irmã Tamar (2 Samuel 13:1). Sua obsessão o levou a um caso complicado de amor doentio e a um plano nojento: Amnom decidiu tomá-la à força (vv.2,5). Exigiu que ela dormisse com ele (v.11). Tamar resistiu, mas seu irmão a dominou e estuprou (vv.12,14). E de repente, "Depois teve nojo dela e a odiou ainda mais do que a tinha amado antes..." (v.15). A moça passou de *querida a desprezada.*

O que vemos nos horrendos atos de Amnom é o que acontece em muitos casamentos: *o pecado do egoísmo.* A jovem esposa (veja o primeiro parágrafo) reconheceu o jeito egoísta do marido, mas tomou uma decisão sábia: "Em vez de orar para que ele se apaixonasse de novo por mim, comecei a orar para que começasse a *amar o Senhor.*" Com o tempo, seu marido começou a melhorar suas atitudes. *Ele voltou a amar Deus* e a sua própria esposa. Agora compartilham um relacionamento profundamente enraizado em Deus.

O apóstolo João escreveu que "...quem continua pecando nunca o viu e nunca o conheceu [Jesus] (1 João 3:6). Mas se nos desviarmos do nosso pecado egoísta e escolhermos amar, "...Deus vive unido conosco, e o seu amor enche completamente o nosso coração" (4:12).

Transforme o sentimento de ódio em seu relacionamento em amor, por meio do amor a Deus e do abandono do egoísmo. —Tom Felten

leia>

2 Samuel 13:1-20

Depois teve nojo dela e a odiou ainda mais do que a tinha amado antes... (v.15).

examine>

Paulo menciona o amor e o ódio no livro de Efésios 5:25-29. Leia esses versículos e veja a quem o amor de um marido pela esposa deve imitar.

considere>

Se você é casado, como pode abrir mão do egoísmo no seu relacionamento e substituí-lo por abnegação? Como o amor de Deus nos ajuda a curar nossos relacionamentos quebrados?

aplicação pessoal>

a desobediência da dúvida

Todos esses famosos têm algo em comum: Sigmund Freud, Jean-Paul Sartre, Bertrand Russell, Karl Marx, Pablo Picasso e Aldous Huxley? Eles declararam que não criam em Deus e foram sexualmente promíscuos. Coincidência?

No livro *Making of* an *Atheist* (Construindo um ateísta), James Spiegel explica que muitos pensadores modernos expressaram dúvidas sobre Deus, em parte, porque lhes facilitava continuar em pecado (Salmo 53:1). Em um momento de honestidade, Huxley admitiu: "Para mim, e certamente para muitos de meus contemporâneos, a filosofia da falta de significado foi um instrumento de libertação... de certo sistema de moralidade. Opusemo-nos à moralidade porque ela interferia em nossa liberdade sexual."

Nem todas as dúvidas sobre Deus surgem do pecado. Há dúvidas sinceras que nos atacam e assombram, questões agonizantes que nos fazem dobrar os joelhos em temor, sem descanso até resolvê-las. Mas se pensarmos sobre os tempos de luta com a dúvida, normalmente eles acontecem ao começarmos a nos desviar do caminho com Jesus. A oração, meditação nas Escrituras e a adoração em comunidade cristã não mais nos atraem. Não vivemos vidas de arrependimento que revelam um coração quebrantado e contrito que esteja realmente buscando a Deus (Salmos 51:3-5,17; 53:2). Ao invés disso, criticamos os que têm valores corruptos, arrogância, amargura e avareza (Salmos 51:3,5; 53:3).

Nosso pecado nos coloca em risco. Deus não parece mais real para nós, pois usurpamos Seu lugar em nossas vidas. Somos atormentados por nossas dúvidas sobre Ele, mas por um lado nos sentimos aliviados. Se não há Deus, somos livres para vivermos como quisermos (53:1). Isso não resolverá todo tipo de questionamento. A primeira coisa a fazermos se surgirem as dúvidas é localizar o pecado que não confessamos. Em seguida, arrepender-se (51:7,10). —Mike Wittmer

leia>

Salmo 53:1-6

Os tolos pensam assim: "Para mim, Deus não tem importância." Todos são corruptos e cometem injustiças horríveis; não há uma só pessoa que faça o bem (v.1).

examine>

Leia o Salmo 51:12 e observe a importância de buscar força em Deus para viver uma vida santa e obediente.

considere>

Examine a condição do seu coração diante de Deus. Qual é o risco de haver dúvidas? O que você pode fazer para preparar-se antes da dúvida chegar?

aplicação pessoal>

trabalhando duro

Meu pai é um batalhador. Ele trabalha seis dias por semana. Durante os dias de folga, está sempre consertando algo na casa — o ventilador ou limpando algo. Amigos meus que o conhecem afirmam que ser trabalhador é um traço da minha família. A diligência é nata — algumas pessoas nascem preguiçosas e outras são naturalmente trabalhadoras? Por que algumas trabalham duro?

No livro de 1 Coríntios 15:10, o apóstolo Paulo diz: "...tenho trabalhado muito mais do que todos...". Isso é verdade. Esse apóstolo trabalhou muito. Lemos como ele se esforçou em 2 Coríntios 11:23-27. O que o motivava? Diz ele: "Mas pela graça de Deus sou o que sou, e a graça [...] não ficou sem resultados..." (15:10).

Apesar de Paulo ter sido um perseguidor da igreja, Jesus apareceu a ele e o chamou para Seu serviço. Ele sabia que o favor extraordinário de Deus a ele resultou em uma resposta extraordinária. Reconheceu o que deveria ser — um apóstolo de Cristo. Isso tudo por causa da graça de Deus — a expressão imerecida de Sua bondade.

Mas Paulo não tentou pagar a graça divina demonstrada a ele com trabalho árduo, nem tentou silenciar sua consciência culpada. Trabalhou duro porque não queria que essa graça demonstrada a ele fosse desperdiçada. À medida que servia na obra do Senhor, descobriu essa realidade maravilhosa: "...não sou eu quem tem feito isso, e sim a graça de Deus que está comigo" (v.10). Eugene Peterson parafraseia a passagem desta forma: "Mesmo assim, meu trabalho não é tanto. Era Deus quem me dava o trabalho e a energia para executá-lo" (*A Mensagem*).

Como pessoas que recebem da Sua graça, devemos trabalhar duro para torná-la conhecida! —Poh Fang Chia

leia›

1 Coríntios 15:1-11

Mas pela graça de Deus sou o que sou, [...] eu tenho trabalhado muito mais do que todos os outros apóstolos. No entanto não sou eu quem tem feito isso, e sim a graça de Deus que está comigo (v.10).

examine›

Leia os livros de Efésios 3:7-12 e Colossenses 1:28,29 para descobrir o objetivo do trabalho árduo de Paulo.

considere›

O que motiva você a trabalhar duro: reputação, aprovação dos homens ou a graça de Deus? Como você pode apresentar melhor a graça de Deus aos outros?

aplicação pessoal›

Deus é Rei

Tempos atrás, minha esposa e eu viajamos a Londres e ao caminharmos pela Abadia de Westminster (960 d.C.), vimos as sepulturas de monarcas que reinaram há centenas de anos. Fomos ao Palácio de Buckingham, a casa principal da família real. Ao visitar os pontos turísticos da realeza e do governo, a palavra *soberano* surgiu repetidamente. Os súditos da rainha referem-se a ela como soberana. Quando ela vai ao parlamento, faz uso da entrada do Soberano. A estrutura de governo da Inglaterra mudou, mas os reflexos de uma era em que a realeza reinava absoluta ainda podem ser vistos.

O salmista declara outro Soberano: Deus. O supremo (absoluto, final, inigualável, incomparável) sobre toda a terra. Deus governa todos os cantos do globo.

O Salmo 97 inicia-se com a declaração única e imutável: "...O SENHOR Deus é Rei..." (v.1). Independentemente dos poderes (político, religioso, filosófico, econômico) possam declarar sua autonomia e insistir em obter nossa lealdade, apenas o Senhor é Rei. Não importa a frequência que sejamos tentados a acreditar que ditamos o nosso destino ou que precisemos orquestrar a nossa existência, o Senhor (apenas Ele) é Rei — e não nós.

Esta é uma notícia extraordinariamente boa! O salmista declara: "...O SENHOR Deus é Rei. Alegre-se a terra!..." (v.1) podemos festejar de alegria porque Deus é Rei. Sim, Deus é Rei e Ele pode resgatar Seu povo "...do poder dos maus" (v.10). Quando Deus é Rei, a justiça governa (v.8). Quando Deus é Rei, "A luz ilumina a vida dos honestos..." (v.11). Quando Deus é Rei, nosso mundo e tudo o que tentamos fazer dele não depende de nós.

"...Fiquem contentes, ilhas dos mares!" (v.1) não será então algo surpreendente. Toda a criação de Deus é livre para rir, dançar e viver em obediência ao único bom e verdadeiro Rei. — Winn Collier

leia›

Salmo 97

Ó SENHOR, Deus Altíssimo, tu governas o mundo inteiro, tu estás acima de todos os deuses (v.9).

examine›

Quais imagens do Salmo 97 são mais poderosas, mais nefastas ou mais serenas para você? Escreva algumas delas e considere como cada uma o ajuda a reconhecer que Deus é Rei.

considere›

Em seu dia a dia, quem ocupa o lugar de Deus? De que maneira você precisa reconhecer o reinado de Deus sobre esse poder rival?

aplicação pessoal›

nunca é tarde demais

No seriado de televisão *LOST* (Perdidos), Sayid Jarrah era sobrevivente de um acidente de avião e estava perdido numa ilha tropical. Ex-interrogador do exército, Sayid era assombrado por aqueles que torturara e ele investiu muito de sua vida adulta tentando compensar seus erros passados.

Na última temporada de *LOST*, Sayid morreu com um tiro. No entanto, ele é ressuscitado por um maldoso personagem (o homem de preto sem nome) e recrutado para o lado do mal. Mas quando os espectadores se convenceram de que ele havia se entregado por completo ao mal, ele sacrificou sua vida para salvar os seus colegas sobreviventes.

Essa virada chocante (algo que os fãs de *LOST* estavam acostumados a ver) leva-me de volta ao personagem do Antigo Testamento, Sansão. Lembra-se dele? O nazireu de cabelos compridos, dotado pelo Espírito de Deus com força sobre-humana para libertar Israel das mãos dos filisteus? (Juízes 13:5). Infelizmente, Sansão encheu-se de si e foi manipulado pela mulher que amava (16:4). Dalila persuadiu-o a revelar o segredo de sua força, e em seguida o traiu, entregando-o nas mãos de seus inimigos (vv.5-21).

O orgulho tolo de Sansão deixou-o cego, fraco e acorrentado. Desgraçado publicamente e acorrentado entre dois enormes pilares que sustentavam o teto de um templo filisteu cheio de pessoas, Sansão humilhou-se e pediu a Deus por um último feito de força sobre-humana. Deus lhe concedeu o pedido e com um poderoso empurrão, Sansão derrubowwu o templo destruindo mais inimigos em sua morte do que o fez enquanto esteve vivo (Juízes 16:23-30).

A vida de Sansão demonstra que nunca é tarde demais para voltar a Deus e fazer algo grandioso por Ele. Mesmo após cometermos grandes erros, nossas vidas ainda podem ser redimidas para os Seus propósitos. —Jeff Olson

leia›

Juízes 16:23-30

E Sansão orou ao SENHOR, dizendo: — Ó Senhor, meu Deus, peço que lembres de mim. Por favor, dá-me força só mais esta vez... (v.28).

examine›

Leia o livro de João 21:15-17 e veja como Jesus mostra a Pedro, que o havia negado, que Ele ainda queria lidar com Pedro.

considere›

De que maneiras você precisa voltar a Deus? O que torna o seu retorno a Deus possível?

aplicação pessoal›

solo bom

Ao anoitecer, saí de casa com um punhado de sementes de flores silvestres na mão. Atravessei a rua e joguei-as no campo aberto vizinho à nossa casa. Esperei todo o verão para que as flores florescessem, mas só o que cresceu foram arbustos e um pouco de capim. Desde então aprendi um pouco sobre jardinagem. Agora sei que meu experimento bobo estava fadado ao fracasso porque as sementes preferem solo úmido, sem ervas daninhas e profundo o suficiente para abrigar suas raízes. Elas precisam de solo bom.

Na parábola do semeador, Jesus disse que somos solo bom para o evangelho quando ouvimos e entendemos a Palavra de Deus. Enquanto a maioria das pessoas apreende a essência do evangelho, nem todas o compreendem. Por exemplo: estudos recentes demonstram que muitas pessoas que se declaram como cristãs não acreditam que Jesus é o único caminho para a vida eterna. Nosso mundo quer que estejamos bem com Cristo e com outros líderes religiosos, ensinos e práticas. Entender o evangelho não se trata disso.

Aqueles de nós que compreendem as boas-novas e "apegam-se a isso" devem produzir "...frutos..." (Lucas 8:15). Falando em termos espirituais, nossas vidas devem manifestar a justiça vinda de Cristo (Filipenses 1:11). Em nossa caminhada cristã, nossa produção espiritual de justiça deveria multiplicar. Jesus disse, produzam "...muitos frutos e assim mostram que são meus discípulos" (João 15:8).

Podemos nos considerar solo bom para o evangelho se entendermos que Deus enviou Seu Filho para receber a punição por nosso pecado e que apenas Cristo é o caminho para a vida eterna (João 14:6). Podemos então dar frutos de uma vida transformada — uma vida que produza "...cem; outras, sessenta; e ainda outras, trinta vezes mais do que foi semeado" (Mateus 13:23). —Jennifer Benson Schuldt

leia>

Lucas 8:11-15

E as sementes que caíram em terra boa são aquelas pessoas que ouvem e guardam a mensagem no seu coração bom e obediente; e, porque são fiéis, produzem frutos (v. 15)

examine>

Leia Colossenses 1:3-7 para ver o que acontece quando pessoas recebem as boas-novas. Leia Mateus 13:19-23 para ver como as pessoas podem desviar-se de uma vida cristã frutífera.

considere>

Houve mudança em sua vida, desde que você recebeu a Jesus como Salvador pessoal? Satisfazemos com poucos frutos? Qual deveria ser o nosso objetivo?

aplicação pessoal>

esmagando serpentes

Martin Luther King Jr. declarou que: "...11 horas do domingo pela manhã" era a hora mais segregante em seu país. Os cristãos brancos e negros geralmente adoravam em igrejas separadas. Hoje, há um novo tipo de segregação. É cada vez mais comum as igrejas se dividirem conforme o estilo de adoração, oferecendo cultos tradicionais para os mais idosos que gostam de cantar hinos e cultos contemporâneos para os que apreciam corais liderados por bandas.

Muitas igrejas crescem exponencialmente ao atender às necessidades de seus adoradores. Mas algo parece não estar certo. Os cristãos cheios do Espírito não deveriam adorar juntos? O seu estilo pode não ser a minha preferência, mas por que não somos sensíveis às nossas diferenças e cantamos canções que agradem uns aos outros?

Temo que o nosso problema seja mais do que egoísmo à moda antiga. Será que a nossa adoração se tornou nosso *ídolo*? Estamos dispostos a permitir que Jesus se revele a nós de maneiras diferentes?

Podemos ser como os israelitas que ficaram tão impressionados com a cobras de bronze que havia curado suas mordidas venenosas que começaram a oferecer sacrifícios a ela (2 Reis 18:4). Não havia nada de errado com a serpente de bronze — séculos mais tarde Jesus a usou para fazer referência a si mesmo (João 3:14) — mas era apenas uma ferramenta.

Talvez você tenha ouvido a voz de Deus ao cantar *A graça eterna de Jesus*, ou sentido Sua presença enquanto cantava *Benditos laços*. Agradeça a Deus por isso, mas lembre-se de que as serpentes de bronze em sua vida nunca devem ser o fim em si mesmas, mas sim levá-lo a Jesus. Pois quando Ele for "levantado da terra" atrairá todos a si mesmo (João 12:32).

A verdadeira adoração centra-se em Jesus, não em tradição ou preferência. —Mike Wittmer

Leia>

Números 21:4-9

Então Moisés fez uma cobra de bronze e pregou num poste. Quando alguém era mordido por uma cobra, olhava para a cobra de bronze e ficava curado (v.9).

examine>

Leia João 9:24-34 para ver como glorificar o passado pode nos cegar para a obra de Deus no presente. Veja 1 Coríntios 1:10-17 para aprender como cobras de bronze podem dividir o corpo de Cristo.

considere>

Como descobrir quando a sua preferência por um estilo de adoração, um pastor ou autor tornou-se idolatria? De que maneira você buscará pela verdadeira?

aplicação pessoal>

quando Deus correu

Esforçando-me para ver o horizonte distante, estreitei os olhos na tentativa de enxergar a pessoa por quem estava esperando. Milhares de pensamentos passaram por minha mente: *Será que ela sabe onde descer do trem? Ela entendeu as orientações que dei?* Meu coração batia mais rápido conforme os segundos passavam. Finalmente, a pessoa que eu tanto queria ver surgiu à minha vista! Naquele segundo, a ansiedade foi substituída por alegria.

Essa experiência me lembra da parábola do filho pródigo. O pai estava esperando pelo retorno do filho. Todos os dias, ele olhava os campos à sua frente, procurando pelo jovem que amava. E "...Quando o rapaz ainda estava longe de casa, o pai o avistou..." (Lucas 15:20).

Você consegue imaginar o que o pai deveria estar fazendo para avistar o jovem à distância tão grande? Possivelmente ele tivesse se colocado num lugar mais alto para vê-lo à distância. Ou talvez se esforçasse para manter seus olhos abertos, apesar do cansaço. Não sabemos exatamente o que ele estava fazendo, mas seus esforços valeram a pena. Ele enxergou seu filho enquanto o jovem ainda estava longe. E quando o viu, "...correu, e o abraçou, e beijou" (v.20). O pai *correu*.

Naqueles dias, correr era considerado indigno para o patriarca da família, mas este pai estava tomado por grande alegria. Jesus contou esta parábola para ajudar os líderes religiosos — e nós também — a entendermos o coração que Deus tem para os perdidos e a alegria que Ele sente quando estes retornam.

Compartilhamos deste coração que nosso Pai tem? No livro de Lucas 19:10, Jesus afirma Sua declaração pessoal de missão. Ele disse: "Porque o Filho do Homem veio buscar e salvar o perdido." Até que ponto estamos dispostos a nos mobilizarmos para ver o perdido voltar para casa, ou seja, para Jesus? —Poh Fang Chia

Leia›

Lucas 15:11-32

...E, com muita pena do filho, correu, e o abraçou, e beijou (v.20).

examine›

Leia o livro de Oseias 11:1-4,8-9 para maior compreensão sobre o coração de Deus para com Seu povo genioso.

considere›

De que maneira você pode crescer em amor por pessoas perdidas? O que você fará hoje para "buscar e salvar o perdido"?

aplicação pessoal›

o tempo todo

Quando os extraordinários pais de minha amiga morreram num acidente aéreo há alguns anos, ela escreveu uma mensagem tão linda que circulou ao redor do mundo.

No cerne da carta estavam as seguintes verdades: "Deus é bom em todo o tempo. E em todo tempo Deus é bom" (Salmo 34:8-10).

"Nunca estive tão fraca nem senti tanta dor em minha vida," ela escreveu, quando ainda caloura na universidade. "Deve então ser um Salvador amoroso que me cerca e me abraça firmemente. Sei que Deus está presente nas pequenas promessas que Ele me mostra todos os dias, como está neste versículo que Ele deu a meu irmão:

"Se eu subir ao céu, tu lá estás; se descer ao mundo dos mortos, lá estás também. Se eu voar para o Oriente ou for viver nos lugares mais distantes do Ocidente, ainda ali a tua mão me guia, ainda ali tu me ajudas" (Salmo 139:8-10).

"Meus pais, tão doces, estavam voando com Jesus e Sua mão estava com eles quando foram encontrá-lo nas profundezas do mar. E Ele os está segurando agora e está nos segurando também. Quão grande é nosso Deus".

"Sinto falta deles com todo o meu coração," ela concluiu. "Continuo esperando todas as manhãs que meu pai venha me beijar na testa antes de ir ao trabalho e que minha mãe sente-se à mesa da cozinha para conversar comigo, vestindo seu roupão de banho tomando uma xícara de chá. Lembro-me então que teremos toda a eternidade para fazer isso. A separação é apenas temporária."

Obrigada, querida amiga, por nos ajudar a vislumbrar o consolo e a esperança eterna que Deus nos dá em meio à dor e à perda. Sim, Ele é bom... em todo o tempo. —Roxanne Robbins

leia>

Salmo 139:1-10

...ainda ali a tua mão me guia, ainda ali tu me ajudas (v.10).

examine>

Minha amiga acreditava na bondade de Deus mesmo após a morte repentina de seus pais. Leia Salmo 103:13-18 para entender melhor o amor e cuidado de Deus por nós.

considere>

De que maneira tangível você pode expressar o amor de Deus a alguém enlutado? Como o amor dele transformou o seu modo de ver a vida e a morte?

aplicação pessoal>

estranhos aleatórios

Recentemente, li um artigo sobre um site onde os internautas conversam com estranhos de todo o mundo. Conforme afirma o artigo, "Em um momento você está conversando via *webcam* com uma mãe de dois filhos e no seguinte está diante de um homem completamente nu em Bangkok." Um psicanalista chama o site de "o paraíso de um predador." Definitivamente não é local adequado para quem têm discernimento!

O escritor de Hebreus nos dá uma chamada para garantir que estamos crescendo em discernimento. Ele escreveu: "A esse respeito temos muitas coisas que dizer e difíceis de explicar, porquanto vos tendes tornado tardios em ouvir" (Hebreus 5:11 ARA). A palavra "tardio" significa literalmente *lerdo e negligente*.

Na época em que Hebreus foi escrito, os cristãos nas igrejas em casas na cidade de Roma (a quem a carta era provavelmente destinada), estavam lutando para manter sua fé e para vivê-la com convicção. Cristãos que demonstram falta de discernimento hoje geralmente lutam com as mesmas duas questões.

Então como você pode discernir melhor?

• *Faça o que souber.* Os cristãos em Roma tinham sido bem alimentados espiritualmente, mas viviam como bebês espirituais (v.12). Agiam sem "...saber o que está certo ou errado" (v.13). Discernimos melhor quando vivemos ativamente as verdades da Palavra de Deus.

• *Treine a sua mente para agir. Discernimos* melhor entre o certo e o errado ao treinarmos nossas mentes (v.14), e ao continuarmos "...alertas" (1 Pedro 1:13). Isto inclui o crescimento contínuo em nosso conhecimonto da Palavra de Deus e o uso da sabedoria da bíblia conscientemente às nossas escolhas.

Não é sábio manter conversas *on-line* com estranhos. Em vez disso, façamos escolhas sábias ao vivermos as verdades bíblicas da Palavra de Deus. —Tom Felten

leia›

Hebreus 5:11-14

Porém a comida dos adultos é sólida, pois eles pela prática sabem a diferença entre o que é bom e o que é mau (v.14).

examine›

Leia o livro de Filipenses 1:9-10 para ver as coisas boas que resultam do grande conhecimento e entendimento de que Deus provê.

considere›

Você tem falta de discernimento? O que você fará para aumentar o seu discernimento sobre a pessoa de Jesus?

aplicação pessoal›

o milagre dos campos

Supomos que os membros do corpo que são perdidos não crescem novamente e que os mortos não voltam à vida. Ou *voltam*?

Em outubro de 2008, um médico ia em direção aos campos de ouro australianos, quando começou a sentir dor no peito. Ele ligou para sua esposa e foi ao posto médico mais próximo. Pouco depois, foi declarado morto. A terapia de choque e 55 minutos de reanimação cardiorrespiratória não o trouxeram de volta. A morte foi declarada quando a esposa dele chegou.

Ela entrou na sala, segurou a mão gelada de seu marido, e orou. "Senhor, ele só tem 39 anos, e temos um filho de 10 anos. Preciso de um milagre." Naquele momento, a equipe médica relatou que o corpo sem vida de Sean inspirou profundamente e seu batimento cardíaco retornou ao monitor. Mais tarde, aquele médico completamente saudável, contou-me sua história milagrosa.

A descrença nos milagres vem de longe. O apóstolo Paulo confrontou o cinismo sobre a ressurreição entre os cristãos de Corinto (1 Coríntios 15:12). Lembrou-lhes de que a ressurreição corpórea de Jesus era o princípio da fé cristã (v.4). Caso fosse falsa, sua fé seria "inútil" (v.14), pois ainda estavam perdidos em seus pecados (v.17). E tão importante quanto isso, Paulo disse que a ressurreição de Jesus era o modelo para a nossa própria ressurreição (vv.21-23). Nossos corpos serão ressuscitados e transformados, assim como foi o corpo de Jesus (vv.20,53).

Acredito firmemente na ressurreição corpórea de Jesus. E apesar do milagre da ressuscitação daquele médico, não de ressurreição, ainda assim é uma prova atual do que Deus pode fazer. Algo inspirador! A verdadeira ressurreição espera por aqueles que amam Cristo, a transformação *completa* de nossos corpos, almas e corações. —Sheridan Voysey

leia›

1 Coríntios 15:12-53

Mas a verdade é que Cristo foi ressuscitado, e isso é a garantia de que os que estão mortos também serão ressuscitados (v.20).

examine›

O que Paulo revela no livro de Romanos 8:11 sobre a vida que o Espírito Santo traz?

considere›

Você já duvidou da ressurreição corpórea literal de Jesus? Por quê? De que maneira o lembrete de sua futura ressurreição afetará o seu dia?

aplicação pessoal›

coberto de cinzas

A Quarta-feira de Cinzas ocorre várias semanas antes da Sexta-feira Santa. Os que assistem às missas nesse dia colocam cinzas (ou alguém as coloca) em suas testas. O oficiante marca a testa de cada adorador, e em geral diz: "Lembre-se: és pó e ao pó tornarás."

As cinzas na Bíblia são vistas como símbolo de humildade e associadas ao arrependimento de pecados. Para demonstrar o arrependimento de seus pecados, as pessoas colocavam sacos de estopa ou panos de saco e sentavam-se em cinzas ou colocavam cinzas sobre si (Ester 4:3; Jó 42:6; Mateus 11:21). Logo, usar saco de estopa e cinzas sobre si são formas de expressar tristeza e lamentação.

O profeta Isaías, no entanto, alertou que simplesmente executar um espetáculo externo de rituais religiosos não agrada a Deus. "De fato, eles me adoram todos os dias e dizem que querem saber qual é a minha vontade [...] e estão sempre prontos para me adorar. [...] Será que desejo que passem fome, que se curvem como um bambu, que vistam roupa feita de pano grosseiro e se deitem em cima de cinzas? É isso o que vocês chamam de jejum? Acham que um dia de jejum assim me agrada?" (Isaías 58:2,5). Deus olha para o coração e seus corações estavam distantes dele (29:13).

Isaías chamou os cristãos para agradar o Senhor e fazer o que é certo: agir com justiça e tratar os trabalhadores com distinção (58:3,6,9); deixando as brigas e rixas (v.4), ajudando os aprisionados pelas circunstâncias da vida e pobreza (v.6), e sendo generosos com os necessitados (vv.7,10).

Se o coração não procurar *obedecer* a Deus, guardar os rituais externos não o agradará. Deus lamentou ao Seu profeta: "Assim o meu povo se ajunta em grande número para ouvir o que você tem para dizer, mas eles não querem pôr em prática o que você diz. [...] Eles ouvem o que você diz, porém não fazem nada daquilo que você manda (Ezequiel 33:31-32). —K. T. Sim

leia>

Isaías 58:1-14

...que vistam roupa feita de pano grosseiro e se deitem em cima de cinzas? É isso o que vocês chamam de jejum? Acham que um dia de jejum assim me agrada? (v.5).

examine>

Leia o livro de Miqueias 6:8 para entender o que Deus requer de Seu povo.

considere>

Você já se arrependeu de seus pecados? (Mateus 3:8). De que maneira você age com bondade externamente, sem buscar realmente Deus em seu coração?

aplicação pessoal>

falsas fortalezas

Grávida de quatro meses, me surpreendi certo dia quando uma colega de trabalho inesperadamente compartilhou que havia sofrido um aborto anos antes no quarto mês de gravidez. A gravidez é uma caminhada de fé por si só, mas suas palavras trouxeram muitos "e se?" em minha mente muito mais rápido que meus hormônios oscilantes. Deus, no entanto, não foi pego de surpresa. Alguns dias depois, alguém me disse, "Eu estava orando por você e o Senhor me disse para lhe dar o Salmo 8:2 como uma Palavra para este bebê." Aquelas palavras foram realmente bem-vindas!

Antes de escolher sua pequena, mas poderosa comitiva de homens à margem do rio (Juízes 7:8), entrando às escondidas no acampamento do inimigo à noite (v.13), e vencendo a batalha com cântaros de barros em Moré (v.19), Gideão foi contra os poderes das trevas num local formidável — o *familiar*.

Quando o anjo do Senhor se dirigiu a Gideão chamando-o de "homem valente" (6:12), a primeira pergunta de Gideão não foi nem como nem quando. Ele perguntou, ""...Se o SENHOR Deus está com o nosso povo, por que está acontecendo tudo isso com a gente?" (v.13). Finalmente ele percebeu que Deus não os havia abandonado. Ele havia sido fiel à Sua Palavra. Deus simplesmente não seria sua fortaleza se outros tomassem Seu lugar (Deuteronômio 11:16,17).

Antes que pudessem ser libertos dos opressores, os falsos lugares de proteção precisavam ser destruídos. Depois de retirarem os deuses feitos por mãos humanas, Gideão representou a supremacia de Yahveh através da construção de um altar ao Senhor no "...lugar alto e seguro" (6:26).

Em nossa aflição, Deus envia a Sua Palavra. Podemos tanto adorar nos lugares de falsa proteção (no meu caso, tentando controlar a situação imaginando todos os "e se...") quanto reconhecer que somente Ele é nossa força e fortaleza. —Regina Franklin

leia>

Juízes 6:11-14, 25-32

Nesse lugar alto e seguro, faça para o SENHOR, seu Deus, um altar de pedras bem arrumadas. Depois pegue o segundo touro e a madeira do poste arrancado e queime tudo no altar como sacrifício (v.26).

examine>

Leia o Salmo 9:1-10 para ver como Davi celebrava Deus como sua fortaleza.

considere>

Em quais fortalezas você busca proteção? Que passos você precisará dar para destruir qualquer falso ídolo?

aplicação pessoal>

fazendo a vida crescer

Gosto muito de legumes colhidos da horta, particularmente tomates. Por dois anos seguidos, sonhei em ter um estoque ilimitado de delícias vermelhas e suculentas.

Na primeira vez, um fungo terrível devastou todas as plantas. Na segunda, meu filho de dois anos devastou todas as plantas (arrancando às escondidas cada um dos tomates imaturos assim que começaram a crescer). Creio ter tentado algumas outras vezes, mas convenientemente, esqueci esses desastres. Apesar de todo o meu esforço, eu simplesmente não consegui cultivar tomates.

Frequentemente temos desejos fortes (e bons) de que nossos corações e a nossa fé cresçam, e que a nossa obediência a Jesus traga resultados. Deus quer isso para nós também. Ele anseia que sejamos ...fortes com toda a força que vem do glorioso poder dele, para [...] suportar tudo com paciência" (Colossenses 1:11). Somos, no entanto, tentados, regularmente, a acreditar que o nosso trabalho é o que, na verdade, faz o crescimento acontecer. Caso nossas orações pareçam não ser respondidas, presumimos ser por não estarmos orando corretamente — e buscamos encontrar a fórmula certa da oração. Se não nos sentimos tão perto de Deus quanto gostaríamos, presumimos que não alcançamos o patamar espiritual apropriado.

A verdade é, entretanto, que não podemos fazer nossas vidas espirituais germinarem tanto quanto não podemos fazer uma árvore florescer. É Deus que nos "...tornou capazes de participar daquilo que ele guardou no Reino da luz para o seu povo" (v.12). É Deus que"...nos libertou do poder da escuridão..." (v.13). Não fizemos nada além de ouvir, receber e obedecer. Deus fez toda a obra. Toda.

Muitos dias de aflição e inquietude poderiam ser evitados se descansássemos em Deus, se simplesmente o obedecêssemos e confiássemos nele fazendo "...todo tipo de boas ações..." (v.10). —Winn Collier

leia>

Colossenses 1:9-14

...vocês poderão viver como o Senhor quer e fazer sempre o que agrada a ele. Vocês vão fazer todo tipo de boas ações... (v.10)

examine>

Medite no livro de Colossenses 1. Quantas vezes Paulo menciona a oração? Que conexões podem haver entre o ato de orar e a nossa confiança em Deus em vez de em nós mesmos?

considere>

Você já se sentiu propenso a acreditar que a chave para o seu crescimento é o seu próprio esforço? De que maneira você confiará mais em Deus?

aplicação pessoal>

questionando Deus

Apesar de estar caminhando com Deus por décadas, admito que algumas vezes ainda o questiono. Aprendi a não culpá-lo pelas coisas que agora reconheço como obra de Satanás. Mesmo assim, ainda há momentos em que minha fé é fraca e fico imaginando se Ele realmente se importa.

Tenho visto exemplos na Bíblia de servos de Deus que passaram por seus próprios momentos de questionamento. Um dos exemplos mais dramáticos é o do profeta Jeremias, do Antigo Testamento. Deus o chamou ainda adolescente para ir e alertar o povo sobre o Seu julgamento iminente. Sabendo que Jeremias encontraria forte resistência, Deus o encorajou a não ter medo do povo, e prometeu a Sua presença e proteção (Jeremias 1:5-19; 15:11).

Foi exatamente o que Jeremias encontrou ao anunciar a mensagem de Deus: resistência forte. Seus compatriotas o trataram como uma piada e ele era odiado por onde quer que fosse (15:10). Eles o torturaram fisicamente e em certo ponto o deixaram em um poço para morrer (38:6). Até mesmo a família de Jeremias o abandonou (12:6).

Conforme o tempo passava, o profeta desiludido disse a Deus, "...Ó SENHOR, tu és que sabes. Lembra de mim e ajuda-me. Vinga-me daqueles que me perseguem. [...] Será que não posso confiar em ti? Será que és como um riacho que seca no verão?"

(Jeremias 15:15,18). Mais tarde, Jeremias acusaria Deus diretamente de enganá-lo e o culparia por todos os seus problemas (20:7,8). Mas em meio à revolta contra Deus, algo improvável aconteceu em Jeremias. Quanto mais tentava esquecer-se de Deus, mais percebia que não podia negá-lo (v.9).

Você tem dúvidas sobre Deus? Vá adiante e diga-lhe. Isto não o surpreenderá nem mudará o Seu amor por você. Mas, como aconteceu com Jeremias, isso pode mudar o que você pensa sobre *Ele*. —Jeff Olson

leia>

Jeremias 15:10-21

Ó SENHOR Deus, se eu não te servi bem e se não te pedi em favor dos meus inimigos quando estavam passando dificuldades e aflições, então que as maldições deles se cumpram (v.11).

examine>

Dê uma olhada no Salmo 142 para ver como Davi levou as suas preocupações e reclamações a Deus.

considere>

Você questiona a presença e a obra de Deus em sua vida? O que lhe dá esperança na presença de Deus?

aplicação pessoal>

conselho de Sansão

Antes de casar com meu marido, tentei um site de namoro *on-line*. Ele prometeu perscrutar por zilhões de solteiros para encontrar as combinações mais compatíveis. Sendo assim, preenchi o questionário de compatibilidade. Precisei de horas, mas estava pronta a receber ajuda para decidir quem namorar.

Sansão tem má fama devido à sua vida amorosa atrapalhada. Os erros dele podem nos ajudar a livrar-nos de algumas dores de cabeça. O problema do homem com cabelos longos e soltos começou quando ele viu uma jovem que não compartilhava de sua fé. "...uma moça filisteia" (Juízes 14:1). Os filisteus eram pagãos e Sansão era um jovem israelita dedicado a Deus desde o nascimento (13:5).

Erro n.°1: *Atraímos o sofrimento quando procuramos pessoas que não creem em Jesus.* Apesar de a mulher filisteia não compartilhar da mesma fé, Sansão disse, "...É dela que eu gosto" (v.3), e casou-se com ela. As aparências podem ser enganadoras — seja um sorriso vivaz, lindos cabelos ou até mesmo conduta cortês.

Erro n°2: *Temos problemas se valorizamos os relacionamentos fundamentados exclusivamente na aparência de alguém.* Os pais de Sansão pediram-lhe para olhar novamente as garotas solteiras do local (v.3), mas ele se recusou, e não ouviu os conselhos de pessoas que o conheciam melhor. Erro n°3: *Temos problemas se nos recusamos a ouvir os amigos e família que conseguem ser mais objetivos do que nós quando a empolgação obscurece nosso pensamento.*

Sansão casou-se com sua amada filisteia, mas teve de suportar uma separação forçada. Caso ele pudesse nos dar conselhos amorosos, talvez diria: *Namore uma pessoa da mesma fé. Não insista apenas em concentrar-se na aparência externa e em atitudes. E ouça a opinião divina vinda de pessoas que o conhecem bem.* —Jennifer Benson Schuldt

leia>

Juízes 14

Sansão desceu até a cidade de Timna e ali viu uma moça filisteia (v.1).

examine>

Leia o livro de 1 Reis 11:1-13 para ver porque Deus quer que os cristãos se casem com cristãos. E o livro de Coríntios 13 para ter uma descrição do amor verdadeiro.

considere>

É difícil aplicar a sabedoria bíblica às nossas vidas amorosas? De que maneira o conselho de Sansão sobre o namoro é diferente do conselho do mundo?

aplicação pessoal>

é apenas dinheiro

Grigori Perelman ganhou o prêmio *Millennium* de Matemática por resolver um problema que havia deixado matemáticos perplexos por um século. Quando lhe disseram que o prêmio era 1 milhão de dólares, este gênio recluso que vivia com sua mãe idosa na Rússia, disse que pensaria se o aceitaria ou não.

Perelman pode ser excêntrico, mas não é louco. Muitos ganhadores da loteria atestam, a riqueza repentina pode ser devastadora. Mesmo a acumulação lenta e estável de riquezas pode gradualmente nos enlaçar. Quanto mais temos, mais tempo e dinheiro são necessários para cuidar disso. Quem se incomoda menos por seus bens? Quem mora num apartamento e vai de bicicleta ao trabalho ou o proprietário de uma casa com gramado bem cuidado e três carros na garagem?

Sábio e rico, Salomão afirmou ser tolice presumir que "Quem ama o dinheiro nunca ficará satisfeito [...] Quanto mais rica é a pessoa, mais bocas tem para alimentar" (Eclesiastes 5:10-11). Quanto mais se tem, mais trabalho para manter o que tem, mas "Como entramos neste mundo, assim também saímos, isto é, sem nada. Apesar de todo o nosso trabalho, não podemos levar nada desta vida. [...] Nós vamos embora deste mundo do mesmo jeito que viemos..." e então percebemos "...Trabalhamos tanto, tentando pegar o vento, e o que é que ganhamos com isso?" (vv.15,16).

Jesus disse que "...a verdadeira vida de uma pessoa não depende das coisas que ela tem, mesmo que sejam muitas" (Lucas 12:15), e Salomão acrescenta que mesmo o que você possui pode interferir na vida. Parece loucura, mas Perelman pode realmente estar melhor sem o dinheiro. Desde que suas necessidades básicas sejam supridas, ele certamente estará bem.

A oportunidade de obter uma renda adicional pode ser um presente de Deus. Mas se você não consegue se imaginar rejeitando o dinheiro, ele pode apenas fazer parte de sua escravidão financeira. —Mike Wittmer

leia>

Lucas 12:13-21

...Prestem atenção! Tenham cuidado com todo tipo de avareza porque a verdadeira vida de uma pessoa não depende das coisas que ela tem, mesmo que sejam muitas (v.15).

examine>

Leia o Salmo 49:16-20 e 1 Timóteo 6:6-10,17-19 para ver como Deus quer que pensemos sobre nossas riquezas e o uso delas. Quanto energia você investe em ganhar, gastar e rastrear dinheiro?

considere>

O que você pode fazer para manter a sua vida financeira sob uma perspectiva que agrade ao Senhor?

aplicação pessoal>

objetivo da instrução

É bom nos perguntarmos frequentemente: "Por que eu faço o que faço?" É tão fácil envolver-se com coisas simples a serem feitas e esquecer-se do propósito final de nossas tarefas.

No livro de 1 Timóteo 1:4-7, Paulo apresenta três falhas de falsos mestres que podem se tornar nossas também se não tivermos cuidado: (1) Seus ensinos geram especulações sem sentido que "...produzem discussões. Elas não têm nada a ver com o plano de Deus, que é conhecido somente por meio da fé" (v.4); (2) suas razões estão relacionadas com posição e reputação em vez de ver que a verdade é ensinada ou que vidas são transformadas (v.7); (3) eles parecem ser mestres incríveis, mas não têm entendimento real da lei ou do evangelho (v.7).

O propósito do bom ensino, entretanto, é "...que amemos uns aos outros com um amor que vem de um coração puro, de uma consciência limpa e de uma fé verdadeira (v.5). Quando a verdade está sendo ensinada, pregada e nela as pessoas creem, o resultado sempre será amor — amor por Deus e uns pelos outros. Conforme instruímos outros na Palavra de Deus — seja numa Escola Dominical, grupos pequenos, um a um, do púlpito, ou como pais — qual é o objetivo de nossas instruções? É para que sejam "cheios de amor"?

Paulo nos diz que ensinar a Bíblia a outros pode ser uma tarefa árdua, pois nos últimos dias as pessoas "...não vão dar atenção ao verdadeiro ensinamento, mas seguirão os seus próprios desejos. E arranjarão para si mesmas uma porção de mestres, que vão dizer a elas o que elas querem ouvir" (2 Timóteo 4:3). Por esse motivo, temos a grande responsabilidade de ensinar a Palavra de forma que a Sua autoridade seja revelada.

Não se trata de nossos próprios pensamentos ou de sabedoria humana, mas de representar fielmente a Sua Palavra. —Poh Fang Chia

leia>

1 Timóteo 1:1-11

Essa ordem está sendo dada a fim de que amemos uns aos outros com um amor que vem de um coração puro, de uma consciência limpa e de uma fé verdadeira (v.5).

examine>

Leia o livro de Tito 2:7,8 para ver mais qualidades que uma pessoa que ensina a Palavra de Deus deve possuir.

considere>

O objetivo de instruir outros na Palavra de Deus é para satisfazer ao Senhor ou a si mesmo? É essencial que você ensine a Bíblia aos outros? Por quê?

aplicação pessoal>

os efeitos

Esta foi uma semana difícil. Alguém que conheço foi acusado de um crime tão brutal que não consigo descrever. Senti ondas de descrença, repugnância e tristeza. Sofro pela morte da vítima e pelo que sofreu antes de morrer. Sofro pelas famílias envolvidas e perda de um futuro antes promissor para meu jovem amigo. Sofro pelos *efeitos do pecado.*

No livro de Romanos 1, o apóstolo Paulo emitiu um aviso solene ao qual deveríamos prestar atenção. A essência de sua mensagem? *O pecado leva apenas a mais pecado e finalmente à morte espiritual.* Quando as pessoas escolhem rejeitar e desobedecer a Deus, ainda que Sua mensagem tenha sido "óbvia" (vv.19,20), começam a afundar em trevas e confusão (v.22). Suas escolhas e ações tornam-se tolas — adorando seus desejos e necessidades pecaminosas enquanto ignoram "o Deus glorioso e eterno" (vv.23,25).

O que acontece a seguir é assustador, pois Deus "abandona" ou os entrega para experimentarem o fruto amargo de seus caminhos perversos (vv.18,24). Ele permite que colham a "... merecida punição do seu erro" conforme se comprometem com atos "...que não devem" (vv.27,28).

Paulo listou os pecados que muitos cometerão ao se afundarem nas trevas (vv.9-30). Embora a lista não seja exaustiva, alguns se destacam: *aborrecidos* de Deus. Quando nos voltamos contra Deus, nossos corações revelam nosso ódio por Ele e por Sua verdade; *orgulhosos* — adorar-se a si mesmo pode levar a consequências inimagináveis (veja Adão e Eva); *inventores de males* — saturados em depravação, nossos pecados se tornam cada vez piores; sem *afeição natural*... sem misericórdia — nossas escolhas tornam-se cruéis e más.

Afaste-se de seu pecado hoje antes que seja tarde demais. Caso você não o faça, os efeitos podem ser devastadores para você... e para outros. —Tom Felten

Leia›

Romanos 1:18-32

E, como não querem saber do verdadeiro conhecimento a respeito de Deus, ele entregou os seres humanos aos seus maus pensamentos, de modo que eles fazem o que não devem (v.28).

examine›

Confira no Salmo 14:1-3 o que Deus disse quando olhou para os corações de toda a raça humana.

considere›

Se você afastou-se de Deus, o que você fará para voltar-se contra os efeitos do pecado e experimentar a provisão de Deus à verdadeira vida? (João 10:10).

aplicação pessoal›

por que trabalhar?

Pense em quando você era parte de uma equipe na escola, igreja, nos negócios, de trabalho voluntário ou na área de esportes, e responda à pergunta: *Qual era o objetivo principal de sua equipe?* Preparar uma apresentação para a turma? Compartilhar o evangelho com 500 pessoas? Aumentar as vendas em 25% em três regiões? Ganhar um campeonato? *A equipe alcançou os objetivos? O esforço de seu grupo foi bem-sucedido ou fracassou? Quem trabalhou mais em sua equipe? Alguém falhou ao não esforçar-se o suficiente para alcançar os resultados desejados?*

Em quase todas as equipes, alguém se sobressai, trabalha sem descanso e diligentemente faz "uso de tudo o que encontra." Há também o talentoso, mas que é preguiçoso e pobre em execução; o tipo de pessoa que "...não consegue o que deseja..." (Provérbios 12:27).

Pessoas que fracassam em aproveitar a maioria das oportunidades ou em seguir com suas responsabilidades machucam não somente a si mesmos, mas também seus colegas de equipe. A Palavra de Deus tem muito a dizer sobre o valor do *trabalho*. Por exemplo:

- "Por mais que o preguiçoso deseje alguma coisa, ele não conseguirá, mas a pessoa esforçada consegue o que deseja" (13:4).
- "Quem planeja com cuidado tem fartura, mas o apressado acaba passando necessidade" (21:5).
- "...não há nada melhor do que a gente ter prazer no trabalho. Esta é a nossa recompensa..." (Eclesiastes 3:22).
- "...fique contente com o que recebeu e com o seu trabalho. Isso é um presente de Deus" (5:19).
- "...o trabalhador merece o seu salário" (Lucas 10:7).

Jesus também disse: "Não trabalhem a fim de conseguir a comida que se estraga, mas a fim de conseguir a comida que dura para a vida eterna..." (João 6:27). Que o seu objetivo seja completar as tarefas para as quais Deus o chama, tendo em mente que "...no Senhor, o vosso trabalho não é vão" (1 Coríntios 15:58). —Roxanne Robbins

Leia›

Provérbios 12:24–13:4

Pedimos a vocês, irmãos, que aconselhem com firmeza os preguiçosos… (1 Tessalonicenses 5:14).

examine›

Leia o livro de Atos 20:24 para ver o trabalho que Deus designou a Paulo. Considere que este é o seu trabalho também.

considere›

Deus está lhe chamando para fazer algo? De que maneira você está se preparando para cumprir o que Deus lhe pede?

aplicação pessoal›

simplesmente profundo

Um gângster malásio estava extorquindo dinheiro de uma clínica odontológica. Quando o dentista lhe entregou o "pagameto" em dinheiro, que foi forçado a fazer, deu ao criminoso também um livreto. E lhe disse: "leia isto. É bom para você." O gângster ficou bravo com o dentista por dar a ele um livreto religioso — uma cópia do *Pão Diário* (dos mesmos editores do *Nosso Andar Diário*). Mas o dentista replicou: "por favor, fique com o livreto. Espere até estar de bom humor, e então leia-o." Nove meses depois, quando o livreto acidentalmente caiu no chão, o gângster o ajuntou. Conforme lia as páginas, foi convencido de seus pecados e recebeu Jesus como seu Salvador.

Que forma maravilhosa de ser confrontado com a Palavra de Deus! Mas essa história foi extraordinária? Talvez não. Pois o Deus da Bíblia é o Deus do extraordinário. Com Ele, tudo é possível (Marcos 10:27). Deus disse de si: "...eu não ajo como vocês" (Isaías 55:8).

Os caminhos de Deus podem ser incompreensíveis para nós (v.9), mas o caminho para Deus é simples: *Volte-se contra seus pecados e em direção a Deus* (vv.6,7; Atos 3:19). Isaías diz, "Que as pessoas perversas mudem a sua maneira de viver. [...] Voltem para o SENHOR, nosso Deus, pois ele tem compaixão e perdoa completamente" (55:7). E foi exatamente isso que o gângster malásio experimentou. Ele é agora um ex-gângster que ama o Senhor e os outros.

O convite para vir a Deus é feito três vezes nos versículos 1 a 3. *Venha* é uma das palavras mais convidativas nas Escrituras. Deus *convida a qualquer um e a todos* a virem a Ele, a encontrar vida e a experimentar do Seu amor (v.3). "É tudo de graça!" (v.1). *Venha*. Se Deus pode mudar o coração de um gângster, Ele pode mudar o seu. —K. T. Sim

leia>

Isaías 55:1-9

Que as pessoas perversas mudem a sua maneira de viver e abandonem os seus maus pensamentos! Voltem para o SENHOR, nosso Deus, pois ele tem compaixão e perdoa completamente (v.7).

examine>

Qual é o convite de Jesus para nós nos livros de Mateus 11:28-30 e João 6:35?

considere>

Deus nos convidou para vir a Ele. Você aceitou Seu convite? O que você precisa fazer para vir a Ele hoje?

aplicação pessoal>

discernindo as trevas

Enquanto trabalhava num módulo inicial de Shakespeare com meus alunos do segundo ano, lembrei-me de que o poder da mídia não é nada novo. Embora sua apresentação hoje seja talvez mais vívida, e portanto mais memorável, o mundo do entretenimento tem tido seu lugar na cultura por milhares de anos. Aristóteles, um filósofo grego da antiguidade, viu a natureza libertadora do drama que, por cativar a plateia, traz as pessoas à ação e permite que se tornem parte da história sem deixar os seus assentos. A mídia não é passiva, ela nos envolve.

O livro de Colossenses 1:13 nos lembra: "Ele nos libertou do poder da escuridão e nos trouxe em segurança para o Reino do seu Filho amado Ao considerar as informações da mídia que consumimos diariamente, precisamos nos perguntar se elas pertencem ao reino da luz ou das trevas. Nossa carne não exporá deliberadamente as suas trevas (João 3:19,20). Quanto mais íntimos somos do Espírito, mais prontamente discernimos a luz das trevas (Hebreus 5:14).

Em um mundo que agressivamente embaça as linhas entre bem e mal, não podemos esquecer que Deus leva a sério o fato de deixarmos as trevas para trása fim de andarmos na luz de Sua Palavra. Justificar as coisas com um "não é tudo isso" ou recusar a entregar áreas de nossas vidas a Deus, abre uma porta para o inimigo nos levar por caminhos perigosos. O que pode tornar-se um interesse ou atração casual por coisas que são impiedosas pode mais tarde tornar-se uma área de escravidão em nossas vidas.

Deus é incrivelmente poderoso, e Ele já venceu as trevas. Entretanto, Ele não tirará algo de nossas vidas se não estivermos dispostos a abrir mão disso. A escolha é nossa — luz ou trevas. Não podemos ficar com ambos. —Regina Franklin

leia>

Efésios 5:1-18

Não participem das coisas sem valor que os outros fazem, coisas que pertencem à escuridão. Pelo contrário, tragam todas essas coisas para a luz (v.11).

examine>

Leia os livros de João12:46 e 1 João 1:5-7 para descobrir porque não podemos ter intimidade com Deus e ao mesmo tempo nos apegarmos àquilo que está enraizado nas trevas.

considere>

A mídia tem sido influente em sua vida? Tanto positiva quanto negativamente? De que maneiras seu consumo da mídia é cheio do Espírito?

aplicação pessoal>

vidas sem rumo

Certa vez conversei com um artista que recita obras literárias chamado Bernardo. Ele declama o evangelho de Marcos de cor, considerado uma obra-prima nos círculos literários, sem qualquer auxílio. Bernardo leva a mensagem ao público comum com ênfase cuidadosa, entonação elaborada e ritmo variado. Ouvi algumas de suas passagens favoritas. Foi fascinante!

O interessante, no entanto, é que Bernardo questionou se um "pastor ou um padre" deveria acompanhá-lo em suas apresentações. Perguntei-lhe o porquê e ele disse: "Bem, muitas pessoas me procuram após o show com perguntas espirituais e buscam conselhos. Simplesmente, não sei o que lhes dizer."

Há algo interessante na Bíblia, não é mesmo? Deus a utiliza para revelar-se e orientar as vidas perdidas.

A igreja de Éfeso também precisava de direção. Os cristãos de lá tinham dificuldades com o liberalismo e o legalismo (1 Timóteo 3:2,3; 4:1-4), e infelizmente os líderes da igreja foram os que mais se desviaram. Bebiam, tornavam-se violentos e gananciosos (3:3); alguns ensinavam enganos sobre a ressurreição (2 Timóteo 2:18), o casamento e comida (1 Timóteo 4:1-4). Em meio a este caos, Paulo instruiu seu aprendiz Timóteo a viver e ensinar a Palavra de Deus. Apenas a Bíblia oferece a graça que as consciências legalistas precisam e os padrões que estilos de vida libertinos requerem. Como meu amigo Bernardo descobriu, o coração moderno e secular também precisa de direção. Ele falava do evangelho e corações sedentos vinham buscar orientação.

A Palavra de Deus trata das necessidades do coração, corrigindo as falhas e preenchendo o vazio. Que a Sua Palavra, hoje, corrija os desvios de nossas próprias almas. Vamos compartilhá-la de forma criativa com um mundo em busca de respostas. —Sheridan Voysey

leia>

1 Timóteo 4:12-16

...seja um exemplo na maneira de falar, na maneira de agir, no amor, na fé e na pureza [...] dedique-se a leitura em público das Escrituras Sagradas, a pregaçao do evangelho e ao ensino... (vv.12,13).

examine>

Pois a palavra de Deus é viva e poderosa [...]. Ela vai até o lugar mais fundo da alma e do espírito, vai até o íntimo das pessoas e julga os desejos e pensamentos do coração delas (Hebreus 4:12).

considere>

Você se sente encorajado pela história de Bernardo? Com quem você compartilhará a Palavra de Deus de forma criativa hoje?

aplicação pessoal>

o espírito, o reino

É um malabarismo para os pais decidirem quando fornecer informações aos filhos. Se eu sei que viajaremos ou nos divertiremos em família, quero contar aos nossos meninos com certa antecedência para que possam desfrutar da expectativa. Caso conte cedo demais, a agonia da espera (e minha agonia causada por suas constantes perguntas sobre "*Quanto tempo falta?*") logo fica aparente!

Por centenas de anos, Israel esperou pela chegada do reino de Deus — o momento em que seriam livres da tirania. Os discípulos de Jesus pensavam que seu Mestre planejava lançar este reino. Mas Ele morreu em uma cruz. Espantosamente, Ele ressuscitou e voltou à vida! Quando reencontrou Seus discípulos, proclamou a mesma mensagem: A poderosa chegada do governo do reino de Deus estava próxima. "Depois da sua morte, Jesus apareceu a eles de muitas maneiras [...] e ele conversava com eles a respeito do Reino de Deus" (Atos 1:3).

É compreensível então que os discípulos de Jesus perguntassem se agora (finalmente) o reino realmente viria. Jesus lembrou-os de que não estavam no controle de tais coisas: "...Não cabe a vocês saber a ocasião ou o dia que o Pai marcou com a sua própria autoridade" (v.7). Jesus, no entanto, rapidamente sugeriu um sinal do reino de Deus que se aproximava: Ele disse: "...quando o Espírito Santo descer sobre vocês, vocês receberão poder..." (v.8).

O foco da chegada do Espírito não foi de sinais intensos e miraculosos (novas línguas faladas, curas etc.). Antes, foi a expansão do reino de Deus.

É assim que sabemos que o Espírito de Deus está ativo entre nós — quando o reino de Deus se expande. Onde quer que corações estejam acordando para a vida cristã e onde quer que transformação esteja acontecendo, sabemos que o Espírito está trazendo a nós o reino de Deus. —Winn Collier

leia›

Atos 1:1-9

...É agora que o senhor vai devolver o Reino para o povo de Israel? (v.6.)

examine›

Continue lendo esta história no livro de Atos 2. Quais foram os resultados quando o Espírito veio? Como o Espírito refletiu a chegada do reino de Deus no mundo?

considere›

Em que área você precisa que o reino de Deus apareça em sua vida? Quais são alguns sinais de que o Espírito de Deus já pode estar trabalhando nisso?

aplicação pessoal›

riscos justos

Aprendemos duas lições básicas na infância: *Evite superfícies quentes e objetos afiados. Eles podem machucar.* Eram palavras de sabedoria quando crianças, mas agora que somos adultos é importante aprendermos mais algumas. Pois Deus, algumas vezes, nos chama para buscar, no sentido figurado, coisas *inflamáveis e afiadas*. Algumas recompensas da vida são encontradas ao nos arriscarmos.

Para ilustrar a importância do arriscar-se, Jesus contou a história sobre o dono de terras que partiu numa longa jornada. Antes de ir, o homem confiou três diferentes quantias de dinheiro a três servos "...de acordo com a capacidade de cada um..." (Mateus 25:15). Enquanto estava fora, dois servos arriscaram-se e investiram sabiamente o dinheiro que seu senhor lhes havia confiado. O investimento valeu a pena! Cada um dobrou sua porção da riqueza do dono da terra (vv.16-17). E quando o senhor voltou, cada um foi generosamente recompensado por seus ousados investimentos (vv.19-23).

O terceiro servo escolheu uma abordagem mais segura. Em vez de correr o risco de um investimento que poderia dar errado, escondeu o seu dinheiro no solo (v.18). Embora não tenha roubado ou perdido nada da riqueza de seu senhor, ele recebeu uma advertência severa por não lutar por ela! (vv.24-27).

Pode ser tentador agir de modo seguro como o terceiro servo fez. Em vez de fielmente tomar aquilo que Deus nos confiou e fazer algo arriscado para o Seu reino, podemos cair na rotina de não correr riscos, na qual apenas vamos à igreja, damos alguns trocados e quem sabe sirvamos (por causa da culpa) como diáconos ou ajudantes no berçário.

Não se omita! Corra alguns riscos sábios e permita que Deus o use. O resultado pode ser incerto, mas se você escolher agir de modo seguro, as perdas podem ser profundas. —Jeff Olson

leia>

Mateus 25:14-30

"Muito bem, empregado bom e fiel", disse o patrão. "Você foi fiel negociando com pouco dinheiro, e por isso vou pôr você para negociar com muito. Venha festejar comigo!" (v.21).

examine>

O que você pode usar para a glória de Deus? Veja no livro de 1 Pedro 4:10.

considere>

O que você sempre quis fazer para Jesus, mas teve medo de começar? Como você consegue distinguir entre um risco que é sábio e um que é tolo?

aplicação pessoal>

diga "A"

Muitos repreendem os filhos quando mostram a língua, mas eu não. Eu encorajava o meu filho a usar bem a língua e a boca ao lhe ensinar a pronunciar sons difíceis. Era preciso pronunciar bem as palavras para que ele pudesse imitar o som correto aos 2 e 3 anos. Embora o meu coração derretesse ao ouvi-lo falar com aquele jeitinho de criança, sabia que minha tarefa era ensiná-lo a maneira correta de falar.

Como cristãos, é nosso trabalho ensinar nossos filhos a maneira correta de viver. Deus falou por meio de Seu profeta Moisés quando incitou os israelitas a ensinar Suas leis aos seus filhos, "...e não deixem de ensiná-las aos seus filhos..." (Deuteronômio 6:7). Eles mantinham as leis bem visíveis em suas casas como lembretes (vv.8,9).

Como aqueles pais, temos que fazer mais do que ajudar os nossos filhos a memorizar uma lista divina do que pode e *não pode* ser feito. Moisés disse:"No futuro os seus filhos perguntarão: 'Por que foi que o SENHOR, nosso Deus, nos deu estes mandamentos e estas leis?'" (v.20). Temos que explicar as leis de Deus para que nossos filhos sejam capazes de vivê-las. Devemos conversar sobre as leis de Deus quando estamos em casa, na estrada, ao deitar e ao acordar (v.7).

Os israelitas deveriam relatar como Deus os havia resgatado da escravidão, Seus sinais e maravilhas e falar sobre a provisão de uma terra (vv.22,23). Pois, como Moisés disse: "...Foram vocês, e não os seus filhos, que viram e conheceram tudo isso" (11:2). Nós também precisamos compartilhar as experiências que tivemos diretamente com a graça e o poder de Deus.

Nossos filhos precisam saber o que a Palavra de Deus diz, o que significa e como se apresenta no mundo ao seu redor. Então serão capazes de fazer "...aquilo que Deus acha bom e certo..." (6:18).
—Jennifer Benson Schuldt

leia>

Deuteronômio 6:6-23

Lembrem desses mandamentos e os guardem no seu coração [...] e não deixem de ensiná-las aos seus filhos... (11:18,19).

examine>

Leia no livro de Provérbios 4 um exemplo de ensino paternal. Leia o livro de 1 Reis 2:1-3 para ver como Deus pode abençoar nossos filhos se eles seguirem os Seus caminhos.

considere>

É importante ser responsável pelo que os seus filhos conhecem sobre Deus? Como você aborda os mandamentos de Deus com os seus filhos?

aplicação pessoal>

um rei em um jumento?

Era o Domingo de Ramos. Sem dúvida, esta não fora a primeira visita de Jesus a Jerusalém, pois era judeu devoto. Jesus teria ido a Jerusalém anualmente para as três grandes festas (Lucas 2:41-42; João 2:13, 5:1). Nos últimos três anos, Jesus havia ministrado e ensinado naquela grande cidade. Mas Sua vinda a Jerusalém naquele domingo foi radicalmente diferente.

Ao entrar na cidade montado em um jumentinho quando milhares de adoradores estavam indo à cidade, Jesus deliberadamente colocou-se no centro das atenções (Mateus 21:9-11). Era perigoso para ele entrar em Jerusalém, pois havia uma conspiração para prender e assassiná-lo (João 11:57; Marcos 14:1). Este percurso de entrada na Cidade Santa era Sua "coroação" como Rei (Mateus 21:5), e a multidão o reconheceu como o Messias Davídico, gritando, "...Hosana ao Filho de Davi!..." (v.9), como que dizendo "Salve-nos, nós oramos, Filho de Davi."

Por que Jesus tomaria o lugar de proeminência diante de milhares de pessoas se nos três últimos anos Ele havia decidido evitar chamar a atenção sobre si? (João 6:15, 7:10; 11:54). Por que Ele aceitaria a proclamação do povo declarando-o Rei, apenas cinco dias antes de Sua morte?

Mateus diz que esse era o cumprimento de uma profecia de 500 anos (Mateus 21:4,5) que o rei escolhido de Deus entraria em Jerusalém. "...Ele vem triunfante e vitorioso; mas é humilde, e está montado num jumento, num jumentinho, filho de jumenta" (Zacarias 9:9; Gênesis 49:10,11).

Foi uma maneira incomum para um rei triunfante entrar numa cidade. Governantes vitoriosos normalmente cavalgavam em cavalos vigorosos. Mas Jesus não montava num cavalo de guerra. Isto revela que tipo de rei é Jesus. Ele veio em mansidão e humildade. Jesus veio, não para guerra, mas para estabelecer paz entre nós e Deus (Atos 10:36; Colossenses 1:20,21). —K. T. Sim

leia>

Mateus 21:1-11

...Agora o seu rei está chegando. Ele é humilde e está montado num jumento e num jumentinho, filho de jumenta (v.5).

examine>

O que o livro de Zacarias 9:9,10 diz sobre a majestade e o reinado de Jesus?

considere>

Como você responderia à pergunta: "Quem é ele?" (Mateus 21:10). Que tipo de rei Jesus é para você hoje? Como você pode honrá-lo como seu rei?

aplicação pessoal>

gravidez na adolescência

Caso sua filha adolescente ou o noivo dela lhe contassem que ela estava grávida, mas ainda era virgem, você acreditaria? Além da fertilização planejada, é impossível engravidar sem o contato sexual. Não há outra explicação aceitável ou razoável — a não ser, é claro, que você fosse Maria, mãe de Jesus.

Maria, uma jovem judia, pura, noiva de José, (para sua aflição e confusão) ouviu de um anjo "Você ficará grávida, dará à luz um filho..." (Lucas 1:31). Ela entendia a impossibilidade biológica da situação quando disse: "...Isso não é possível, pois eu sou virgem!" (v.34). Um médico certamente teria concordado! A decisão de José de acabar com o noivado, embora discretamente (Mateus 1:19), revelou que ele também não acreditou na explicação de Maria sobre uma concepção divina (Lucas 1:35). Foi necessário outra visitação angelical para convencê-lo (Mateus 1:20-21).

Hoje é possível que uma mulher, até mesmo virgem, engravide por inseminação artificial ou pela controversa transferência de embrião. Mas Lucas, que era médico (Colossenses 4:14), documentou a primeira e única concepção virginal de uma gravidez — a concepção de uma vida humana sem fertilização do ser humano do sexo masculino (Lucas 1:34-35). A partenogênese humana é cientificamente impossível, mesmo nos dias de hoje. Mas nada é impossível com Deus (v.37).

Para o mundo descrente, o nascimento virginal de Jesus é um escárnio científico. Mas para os cristãos, é uma necessidade miraculosa — um sinal de Deus. Pois nisto Ele cumpriu Sua promessa de 700 anos (Isaías 7:14). O bebê de Maria foi chamado de "...Filho do Altíssimo..." (Lucas 1:32). E ela o chamou de Jesus (v.31), pois Ele veio para salvar "...o seu povo dos pecados deles" (Mateus 1:21). — K. T. Sim

leia>

Lucas 1:26-38

Pois o Senhor mesmo lhes dará um sinal: a jovem que está grávida dará à luz um filho e porá nele o nome de Emanuel (Isaías 7:14).

examine>

De acordo com o livro de Mateus 1:18-25, o que o anjo disse a José sobre a gravidez de Maria? Qual foi a resposta de José?

considere>

Como cristão você acha difícil acreditar na concepção miraculosa de Jesus? Por que é essencial que acreditemos que Jesus nasceu de uma virgem?

aplicação pessoal>

compartilhe sua história

Michael Dinsmore é de certa forma um novo cristão. Um dia, ele pôde compartilhar seu testemunho numa cadeia. O impacto do testemunho dele foi tremendo — alguns dos detentos mais violentos renderam-se e começaram a chorar conforme Michael falava. Depois, alguns vieram até ele e disseram: "Este foi o melhor encontro que já fizemos parte!" Michael ficou surpreso e perguntou: "Mas, o que foi que eu disse?" Ele estava maravilhado por Deus haver trabalhado de maneira poderosa por meio de seu simples testemunho.

No livro de 1 Timóteo, após Paulo ter encarregado Timóteo de definir-se para defender o evangelho e opor-se a certos mestres que estavam corrompendo o povo com falsos ensinos (1:1-11), o apóstolo compartilhou seu testemunho pessoal para encorajar seu aprendiz (vv.12-16). Paulo sabia que instruções nunca são suficientes. São necessários modelos e exemplos verdadeiros.

O apóstolo testificou a misericórdia de Deus em sua vida. Apesar de ter sido um oponente de Cristo blasfemo, perseguidor e insolente, ele foi considerado fiel e nomeado para o serviço (v.12). E Deus também deu a ele força para executar Sua obra. Apesar de Paulo ser o pior dos pecadores, Deus o salvou (v.16).

Pelo testemunho de Paulo, vemos a misericórdia de Deus e Sua paciência. Se Deus pôde usar alguém como Paulo, pode usar a mim e a você. Se Ele pôde salvar o pior dos pecadores, nenhum pecador está além de Seu alcance.

Hoje, o nosso testemunho da obra de Deus em nossa vida pode encorajar outros. Sua história pode encorajar aqueles que estão se sentindo fracos no viver da fé. Ou talvez outros perceberão que também podem crer em Deus e receber a vida eterna. Então compartilhe a sua história. Permita que aqueles ao seu redor saibam que o Deus das histórias da Bíblia ainda age! —Poh Fang Chia

leia>

1 Timóteo 1:12-20

...para que Cristo Jesus pudesse mostrar toda a sua paciência comigo. E isso ficará como exemplo para todos os que, no futuro, vão crer nele e receber a vida eterna (v. 16).

examine>

Leia o Salmo 145:4-13 para se orientar sobre o tipo de história que você pode contar.

considere>

De que maneira Deus tem sido paciente com você? Com quem você pode compartilhar sua história hoje?

aplicação pessoal>

cordeiros em fuga

Há alguns anos, dois condenados fugiram de uma prisão de segurança máxima na Argentina, unicamente para descobrir que podiam ser facilmente identificados nos espaçosos pastos de ovelhas ao redor da penitenciária. Então o que fazer? A dupla fugiu para um rancho local e roubou algumas peles revestidas de lã além de cabeças de ovelha. Os cordeiros falsos permaneceram em fuga escondendo-se entre milhares de ovelhas pastando ao seu redor. Enquanto ainda procurava pela dupla, um policial brincou: "Eles não podem tapar nossos olhos com lã para sempre." Lamentou.

Ao concluir seu Sermão da Montanha, Jesus alertou Seus seguidores para terem cuidado com os "...falsos profetas! Eles chegam disfarçados de ovelhas, mas por dentro são lobos selvagens" (Mateus 7:15). Ele queria que eles passassem "...pela porta estreita ..." [o próprio Jesus] e não pela "...porta larga e o caminho fácil [que] levam para o inferno..." [escolhendo não acreditar nele e segui-lo, v.13].

Talvez você tenha amigos bons e agradáveis e professores que aparentam ser inofensivos como os cordeiros. Mas vigie e ouça com atenção — eles estão negando os verdadeiros ensinamentos de Jesus e a autoridade de Sua Palavra?

Jesus nos disse para olharmos para o "fruto" de cada pessoa que nos influencia espiritualmente (vv.15-19). Ele disse, "Assim, pois, pelos seus frutos os conhecereis" (v.20). Um dos amigos próximos de Jesus, o apóstolo João, disse o seguinte sobre estar alerta com lobos em pelo de cordeiro: "...não acreditem em todos os que dizem que têm o Espírito de Deus. Ponham à prova essas pessoas para saber se o espírito que elas têm vem mesmo de Deus..." (1 João 4:1).

Quem influencia você atualmente? São pessoas que o direcionam ao verdadeiro Pastor e à porta estreita, ou o levam até a porta larga que conduz à perdição? —Tom Felten

leia>

Mateus 7:13-20

Portanto, vocês conhecerão os falsos profetas pelas coisas que eles fazem (v.20).

examine>

Leia o livro de Deuteronômio 13:1-4 para ver as instruções de Deus sobre como evitar falsos profetas e seguir apenas a Ele.

considere>

Como identificar um lobo em pele de cordeiro? O que você fará para ter certeza de que as pessoas que o influenciam espiritualmente creem verdadeiramente em Jesus?

aplicação pessoal>

o caminho

Sempre presumi que o livro de Isaías 30:21 tinha algo relacionado a orientação. Meu entendimento era de que se eu estivesse em um cruzamento e fosse numa direção ou noutra, o Espírito Santo me diria se esse seria o caminho certo. Deus me alertaria se eu estivesse indo em direção aos problemas ou começando a me aventurar fora de Sua vontade.

Ainda que continue acreditando que Isaías 30 tenha aplicação para os passos que devemos ou não dar na vida, após cavar mais fundo, tenho agora uma compreensão melhor do que Isaías estava comunicando. Nesta passagem, o profeta estava falando à geniosa tribo de Judá, que tolamente havia feito um trato com o Egito. "Pois, sem me pedirem licença, as autoridades de Judá foram ao Egito pedir socorro ao seu rei, pois confiavam no seu poder para proteger Judá" (v.2).

Ao fazer isso, Judá tinha:

- Feito planos que eram contra os planos de Deus,
- Feito alianças que não foram dirigidas pelo Senhor,
- Descido ao Egito procurando ajuda sem antes consultar Deus,
- Colocado a sua confiança na proteção do Faraó.

Era o papel de Isaías como profeta alertar os "...filhos rebeldes..." de Deus (v.1) do resultado que os esperava: humilhação, vergonha, desgraça, solidão e calamidade (vv.3-5). Isaías também afirmou claramente que apesar do que haviam feito, Deus estava esperando que Seu povo teimoso se arrependesse e retornasse a Ele. Ele ansiava por banhá-los com amor, compaixão, graça e perdão (vv.18,19).

Por meio de Isaías conhecemos o que está no íntimo do coração de Deus: atrair Seu povo amado para si de modo que — apesar de seus terríveis pecados — possam se arrepender e receber Suas infinitas bênçãos. Nosso Deus é tão amoroso que quando Judá se perdeu — e quando nós nos perdemos — Deus provê "uma voz" para nos mostrar o caminho de volta à proteção do Senhor e às suas riquezas eternas.

—Roxanne Robbins

Leia›

Isaías 30:1-22

...O caminho certo é este; andem nele (v.21).

examine›

Leia o livro de Isaías 30:23-26 para ver as bênçãos que Deus prometeu derramar sobre Israel, caso eles se voltassem e *viessem* a Ele (v.18).

considere›

De que maneira a voz de Deus o chama de volta a Ele? De que maneira você busca Deus e Seu caminho?

aplicação pessoal›

enxergando

Em 4 de dezembro de 1982, um menino chamado Nicholas Vujicic nasceu. Ao crescer, ele aprendeu a escovar os dentes, pentear o cabelo e vestir-se todas as manhãs. Como outros meninos, aprendeu a nadar, pescar e jogar futebol. Mas por toda sua vida houve sempre uma grande diferença entre Vujicic e aqueles ao seu redor. Vujicic nasceu com a síndrome *Tetra-amelia* — ele entrou neste mundo sem braços ou pernas.

Como você poderia imaginar, a vida dele teve sua parcela de dor. Seus defeitos chocaram os seus pais. *Como Deus pode ter permitido isto?* Ele foi muito zombado na escola; tanto que aos 8 anos, tentou afogar-se numa banheira. Ele orava a Deus todos os dias pedindo um milagre, mas nunca acordou com novos membros.

O ponto de virada para Vujicic veio ao ler o versículo do dia de hoje. Jesus conheceu um homem que nasceu cego e Seus discípulos se perguntavam o que teria causado o defeito. "Mestre [...] Foi por causa dos pecados dele ou por causa dos pecados dos pais dele?" (João 9:1,2). De acordo com a sabedoria tradicional, não havia sofrimento sem pecado. Ou os pais ou a própria pessoa havia pecado, talvez até mesmo no útero. Jesus disse que pecado não era a questão. Aquele homem havia nascido cego, Ele proclamou, "...para que o poder de Deus se mostre nele"(v.3).

Vujicic me disse: "Estes versículos mudaram minha vida para sempre." Sua condição tem sido usada para revelar o poder de Deus. Hoje ele viaja pelo mundo como evangelista e é estimado que 200 mil pessoas entregaram suas vidas a Jesus por meio do testemunho dele.

No caso do homem cego, o poder de Deus foi visto quando ele recebeu sua visão (v.7). No caso de Vujicic, Seu poder é visto nas vidas transformadas mediante sua história. "Quando Deus não lhe dá um milagre", Vujicic diz: "talvez você seja o milagre que Deus tem para outra pessoa." —Sheridan Voysey

leia>

João 9:1-9

Ele é cego, sim, mas não por causa dos pecados dele nem por causa dos pecados dos pais dele. É cego para que o poder de Deus se mostre nele (v.3).

examine>

Leia o livro de Romanos 5:3-5 para ver o bem que o sofrimento pode produzir. Leia o texto de 2 Coríntios 12:7-10 e veja como Deus pode usar nossa fraqueza para Sua glória.

considere>

Qual é sua "incapacidade" — aquilo que você anseia que Deus mude em sua vida? Como o poder de Deus pode ser revelado hoje por meio de sua fraqueza?

aplicação pessoal>

tempo bem investido

Mary Jane foi casada com um operário de siderurgia e viu o rápido surgimento e a morte de uma cidade siderúrgica onde o casal criava seus filhos com alegria. Quando a cidade já não lhes oferecia nada mais, mudaram-se para outro estado, a fim de desfrutar de seus últimos anos. Hoje, Jane sente falta de seu marido apesar de ele ter partido há muito tempo. Sentada em sua poltrona, Mary Jane entende porque ela hoje vive numa casa de repouso. Sua memória começou a falhar.

A vida é incrivelmente frágil. O apóstolo Paulo nos lembra do grande contraste que existe entre o poder eterno e transformador do evangelho e nossa humanidade frágil e finita. As provações virão, e algumas parecerão durar para sempre, outras apenas um rápido som no radar da vida. Não temos nada além de uma vida para investir por Jesus antes de morrermos (Jó 14:5; Tiago 4:14).

Nessa vida atarefada, nossas prioridades podem parecer adequadas e necessárias; de tal forma que, com nossa lista de itens a fazer bem próxima dos olhos, perdemos a perspectiva — incapazes de ver qualquer coisa além da tinta borrada na página, muito menos o branco do papel em nossas mãos.

Para o cristão, entretanto, viver uma vida plena vai além de qualquer lista ou novos *hobbies* ou das férias dos sonhos. Saber que fomos feitos para a eternidade (Eclesiastes 3:11; 2 Coríntios 4:18) deveria moldar nossos dias atuais de modo que nossas vidas não sejam apenas transformadas (2 Coríntios 4:16,17; Romanos 12:2), *mas agentes de transformação* (vv.11-15).

Nosso propósito não é sermos bem-sucedidos e felizes. Precisamos saber "...como são poucos os dias da nossa vida para que tenhamos um coração sábio" (Salmo 90:12). Então nossas vidas poderão realmente ser meios para outros aprenderem sobre Jesus (2 Coríntios 4:13-15). —Regina Franklin

leia›

2 Coríntios 4:7-18

Porém nós que temos esse tesouro espiritual somos como potes de barro para que fique claro que o poder supremo pertence a Deus e não a nós (v.7).

examine›

Leia o livro de Salmo 116:12-14 para ver o contexto em que deveríamos oferecer nossas vidas como sacrifício vivo.

considere›

Sua lista de itens a fazer é composta de coisas que você quer conquistar ou coisas para as quais o Senhor o chamou? Como podemos discernir a diferença?

aplicação pessoal›

sepultura na primavera

Era sábado de aleluia. O verão tinha acabado e mudado a paisagem. Aventurei-me naquele novo mundo de flores e folhas caídas. Escondida pela vegetação rasteira de nosso quintal, descobri uma pequena sepultura, com a cruz e a lápide rústica. Na lápide estava escrito o nome do coelho de estimação de meu filho. Meus olhos lacrimejaram quando pensei no curso da morte e como ela faz parte até mesmo dos aspectos mais inocentes de nossas vidas.

Neste momento, vi meu filho agachado próximo a uma planta com brotos de flores amarelas. Fui até ele, que me perguntou: "O que é isso?". É *forsythia,* (arbusto com flores bem amarelas) lhe expliquei. "A mamãe a plantou aqui há três anos quando perdemos o nosso bebê."

Repentinamente, tive dificuldades para falar. Meu filho parecia pesaroso. "Foi nesta época do ano", continuei, "e as *forsythias* estavam florescendo. As flores nos lembram da ressurreição de Jesus e da promessa de nossa própria ressurreição por causa de Sua morte por nós." Ele sorriu. Ele só tinha sete anos, mas acredito que tenha entendido.

A ressurreição de Jesus é o alicerce de nossa fé. "E, se Cristo não foi ressuscitado..." escreveu o apóstolo Paulo, "...a fé que vocês têm é uma ilusão, e vocês continuam perdidos nos seus pecados" (1 Coríntios 15:17). Mas esta não é a conclusão de Paulo. "Mas a verdade é que Cristo foi ressuscitado...", ele declara (v.20). E faz então essa afirmação triunfante: "Mas agradeçamos a Deus, que nos dá a vitória por meio do nosso Senhor Jesus Cristo!" (v.57).

Nesta vida, lidamos com a morte — a morte de bichos de estimação, morte de sonhos, morte de amigos e familiares. Mas na sombria face da morte, a ressurreição de Jesus traz a esperança que mesmo uma criança de sete anos consegue entender. A morte não é a palavra final. —Tim Gustafson

leia>

1 Coríntios 15:12-20

Mas a verdade é que Cristo foi ressuscitado, e isso é a garantia de que os que estão mortos também serão ressuscitados (v.20).

examine>

Leia o livro de1 Coríntios 15:21-23 para conhecer as origens da morte. O que significa "pertencer a Adão"? (vv.22,45-50). E pertencer a Cristo? (vv.51-53).

considere>

Como você se lembra de alguém que ama? Como você sofre a perda de maneira saudável? Como Jesus trouxe esperança genuína a você?

aplicação pessoal>

por meio do Filho

Um homem embarcava em um avião quando viu o ex-presidente dos EUA, Gerald Ford, escoltado por dois seguranças vestindo ternos escuros. Ele queria falar com o presidente, mas imaginou: "Por que o presidente gostaria de me atender?" Então, relembrou que havia encontrado o filho de Ford, Mike, quando estava no seminário. Com isso, audaciosamente, se aproximou do ex-líder mundial, quando foi detido pelo segurança, e disse: "Presidente Ford, só gostaria de encontrá-lo. Conheço seu filho, Mike." O presidente e o homem, em seguida, tiveram então uma breve e agradável conversa.

Semelhante ao caso descrito acima, Paulo, o apóstolo, relembrou aos efésios que pelo nome de Jesus, Filho de Deus, tinham acesso ao Pai Celestial e às bênçãos da salvação.

Paulo encorajou os cristãos gentios a recordarem como foram excluídos e separados de Jesus. Eram considerados estrangeiros de tudo o que Deus tinha prometido ao Seu povo Israel — sem esperança e sem Deus no mundo. Eram irremediavelmente alienados de seu Criador e de Seu Reino. Mas em Jesus e por meio dele, eles tinham plena cidadania no céu e eram membros da casa de Deus. Estes ex-forasteiros agora tinham acesso ao Pai e às bênçãos da salvação pela morte sacrificial de Seu Filho.

Quer possamos exprimir ou não, uma das mais profundas ânsias da alma humana é pertencer e ter acesso a nosso Criador e Salvador. Isto é possível somente por intermédio de Jesus. Por meio dele temos acesso à salvação (João 10:9), paz com Deus e de Deus (Romanos 5:1,2), verdadeira realização na vida (João 10:10) e confiança para nos aproximarmos de nosso Pai Celestial, recebermos misericórdia e encontrarmos graça para nos ajudar em tempos de necessidade (Hebreus 4:16).
—Marvin Williams

leia>

Efésios 2:11-21

É por meio de Cristo que todos nós, judeus e não-judeus, podemos ir, pelo poder de um só Espírito, até a presença do Pai (v.18).

examine>

Leia o livro de Efésios 1:3-14 e identifique as bênçãos que recebemos em Jesus Cristo e por meio dele.

considere>

Quais são as implicações práticas de ter acesso a Deus e à salvação por meio de Jesus? Como expressar diariamente o valor que você dá às Suas bênçãos?

aplicação pessoal>

notas>

notas>

notas>

notas>

notas>